KEVIN TRAN



# L'ART DE FAIRE LES CHOSES JUSQU'AU BOUT

Michel LAFON

118, avenue Achille-Peretti - CS 70024
92521 Neuilly Cedex

# TABLE DES MATIÈRES

Bilan 4

## PARTIE I LES PREMIERS PAS

1. Le spectre du village 11
2. Qui tu es ? 25
3. Calculer ou ressentir 33
4. Dans le labyrinthe 49
5. Sois bête. 57

## PARTIE II PARLE MOINS, FAIS PLUS

6. Il faut que ça existe ! 69
7. Ouvre moins ta gueule ! 79
8. Ne fais pas fuir les lucioles 87
9. La religion de l'exécution 99
10. Contrôle ce que tu peux contrôler 117
11. La boule de cristal 129

## PARTIE III GRANDIR… ET DURER

12. La volonté d'adaptation 141
13. Active ta vision d'apocalypse 151
14. Le syndrome de l'imposteur 159
15. Un esprit sain dans un corps sain 169
16. Et si ça foire ? 183
17. La vie peut bifurquer très vite 195
18. Le chemin est le rêve 223

Remerciements 238

# BILAN

Merde.

Bordel...

**FAIT CHIER !!!**

Les amis... ce matin, j'ai eu 30 ans.

Ça y est, je ne suis officiellement plus tout jeune. Certes, je ne me considère pas comme vieux non plus, mais à chaque fois qu'un enfant me vouvoie ou m'appelle « Monsieur », j'ai envie de le balayer. Et la seule raison pour laquelle je me retiens, ce n'est pas par peur de la réaction de ses parents, mais parce que je sais que si je passe à l'acte, je vais me blesser au genou !
Oui, ce foutu genou opéré deux fois qui grince les soirs d'hiver. Cette hanche jadis fracturée qui me relance aujourd'hui. La vingtaine d'entorses que je me suis faites au basket et qui ont transformé ma cheville gauche en spaghetti. Mon corps me fait comprendre que mon apogée physique est derrière moi.

Puisqu'à 30 ans, l'heure est au bilan, je vais te dresser le mien. Je suis en réalité très content de ces 10 dernières années. En dehors de ces quelques pépins physiques, j'ai réussi à concrétiser la majorité des projets/idées qui m'étaient chers à 20 ans.

J'en ai raté d'autres aussi, et à chaque fois, je me suis raccroché. Quand je repense au sale gosse arrogant et malpoli que j'étais il y a 10 ans, je ris à gorge déployée !
Je pensais tout savoir de la vie alors que j'avais encore tout à apprendre !

Ne te méprends pas : je suis toujours arrogant et malpoli, mais la différence, c'est qu'aujourd'hui, j'en sais un peu plus. Et ce "un peu plus", ces réussites et ces échecs, ces expériences et ces leçons de vie que j'ai vécues, parfois dans la douleur, je veux les partager avec toi.

**Si j'écris ce livre, c'est pour toi.**

Pour que tu ne te réveilles pas à 30 ans (ou 40, ou 50) et, qu'en plus d'avoir mal aux genoux, tu dresses un bilan de tes 10 (ou 20, ou 30) dernières années empreint de regrets.
Je ne veux pas qu'en plus de ton corps, tu aies aussi mal à ton âme. Ces 30 ans (ou 40, ou 50), ce n'est pas dans longtemps : c'est demain. Le temps défile inlassablement, et on peut tout aussi vite se retrouver à être passé à côté de sa vie.

Il y a une citation de Max Fisher que j'apprécie beaucoup (la citation hein, le mec, j'le connais pas) :

« TROUVE QUELQUE CHOSE
QUE TU AIMES FAIRE,
ET FAIS-LE POUR LE RESTE DE TA VIE. »

Elle peut paraître bateau au premier abord, mais plus les années passent, plus je la comprends. Je pense qu'on devrait tous aspirer à mener nos vies de cette façon.
C'est pourquoi je te propose un programme en trois étapes :

> 1. Te donner des pistes pour que tu repères « le » projet le plus cohérent avec la personne que tu es. Un projet qui va naître de toi, puis s'imposer à toi comme une évidence. Un projet que **tu aimes.**

> 2. Ensuite, je vais te botter les fesses : ce projet, quel qu'il soit, **fais-le !** Tu ne vas pas le glisser sous le tapis et regretter, dans 10 ans, de ne pas avoir participé à tel concours, accepté telle offre, ou osé lancer ton entreprise. Il y a des moyens pour apprendre à passer à l'action et je vais te les indiquer.

> 3. Enfin, ce projet que tu vas mener mérite certainement de durer. Comment lui donner toutes ses chances de prospérer ?

J'ai parsemé ce livre d'anecdotes rigolotes – parce qu'il faut aussi se marrer, même quand on lit un livre sérieux.
J'espère simplement qu'une fois arrivé à la dernière page, tu te diras : « Allez, je me lance ! »

Bref.

TRÊVE DE MONDANITÉS.

**On y va ?**

# LES
# PREM

# PARTIE 1

# IIERS PAS

C'EST DANS LA TÊTE

# CHAPITRE 1

# LE SPECTRE DU VILLAGE

Lorsque tu veux te lancer dans une nouvelle aventure, le premier élément qui rentre en compte, c'est souvent l'avis de ton entourage.
Tu as grandi dans un village composé de ta famille, tes amis, des connaissances et des personnes que tu n'apprécies pas toujours. Moi aussi.
Dans ton village comme dans le mien, il existe des attentes, des regards qui jugent, une pression sociale qui peut t'influencer et orienter (presque inconsciemment) tes choix.
Parfois, si tu n'oses pas écouter tes tripes ou voir les choses en grand, c'est parce que **le spectre du village te hante.**
Rassure-toi, tu n'es ni le premier ni le dernier : **nul ne grandit dans un milieu 100% favorable.**

## LA PUISSANCE DE LA TRADITION

### Avocat-médecin-ingénieur.

C'est ce que mes vieux avaient décidé pour moi dès mon plus jeune âge. Peu importe mes centres d'intérêt, mes points forts ni ce pour quoi j'étais naturellement doué : il fallait que plus tard, j'exerce l'un de ces trois métiers (la Sainte-Trinité, comme je les appelle) ! Ainsi seulement, ils ne perdraient pas la face devant autrui.

Et petit, j'obéissais car j'avais peur de m'en prendre une, ou que mes parents ne soient pas fiers de moi. Qu'allaient-ils penser si je ne faisais pas ce qu'ils voulaient ? M'aimeraient-ils toujours si je les décevais ? Comment réagirait ma mère (médecin elle-même) si au lieu de reprendre son cabinet, je choisissais plutôt une voie qui me fasse vibrer ? Il faut dire que **j'ai toujours été passionné par d'autres choses.**

## LE PREMIER RÊVE DE GOSSE

Je suis né un crayon à la main. Vers mes 6 ans, je préférais déjà passer mon temps à gribouiller sur toutes les surfaces planes possibles plutôt que de sortir jouer avec d'autres enfants. Un jour, alors que je venais de finir un dessin que je ne trouvais pas très beau, mon père passe derrière moi et s'arrête pour scruter mon œuvre. J'ai peur de ce qu'il va en penser, mais à ma grande surprise, il déclare :

> *– Tu as beaucoup d'imagination, fiston.*
> *– ... Ah...?*
> *– Oui, plus tard, tu inventeras plein de choses.*

**Ces simples mots m'ont donné toute la confiance au monde pour continuer à dessiner.**
Si mon père me dit que c'est bien, alors c'est vrai, non ?
Dès que j'en avais l'occasion, je dévorais donc des BD de *Tom-Tom et Nana* et essayais de reproduire sur une feuille les visages des deux frère et sœur. Devant mon fort intérêt, ma mère, également griffonneuse dans sa jeunesse, m'apprit à esquisser mes premiers personnages de profil.
**J'étais aux anges car j'avais l'impression que mes parents me soutenaient.**

***Quand ton village t'encourage et te prête main-forte, tu te sens invincible.***
***Si tu as eu la chance de vivre ces moments, retiens-les. Ils t'aideront à renforcer ta confiance en toi.***

Deux ans plus tard, en CM1, je participe à un concours de dessin organisé par la mairie de Paris et finis parmi les lauréats. Je suis invité à l'Hôtel de Ville avec d'autres enfants et reçois mon prix : un lecteur CD qui fait aussi radio.
Si tu as moins de 20 ans, tu vas sans doute te moquer de cette antiquité, mais en 2000, c'était le feu !
Je tenais à cette radio comme à la prunelle de mes yeux.
**Elle représentait pour moi la preuve que je n'étais pas mauvais et que je devais persévérer !**

Ainsi, de 9 à 12 ans, pas un jour ne s'est écoulé sans que je ne dessine. En classe de 6e, pendant les cours, je réalisais ma première bande dessinée avec en héros tous les élèves de ma classe. Je m'amusais à faire mourir de manière absurde ceux que je n'aimais pas. Et aux récréations, tous venaient vérifier par-dessus mon épaule s'ils avaient survécu ! Le soir venu, je poursuivais dans ma chambre, en écoutant de la musique sur la radio que j'avais gagnée. C'est vers là que mon premier rêve est né.

**VERS LÀ, MON PREMIER RÊVE EST NÉ**

Mes profs avaient bien vu que je n'étais pas du tout intéressé par les cours. Deux d'entre eux m'ont alors suggéré d'aller montrer mes planches à une maison d'édition.
À 11 ans, porté par l'approbation de mes camarades et enseignants, je suis donc allé voir mes parents.
**Et pour la première fois, je leur ai formulé ma volonté de devenir dessinateur.**

## "CE N'EST PAS UN VRAI MÉTIER !"

Tu l'auras compris, **mes vieux n'ont rien voulu entendre.** Ils étaient inquiets, à raison, pour autre chose. Comme je ne faisais plus que dessiner, mes notes étaient en chute libre : je risquais de redoubler si je ne me reprenais pas.
Il fallait donc à tout prix m'arrêter, et pour ça, **tous les moyens de dissuasion étaient bons !**

Dès le lendemain, mon père appela ma professeure principale pour l'engueuler : *"Ne mettez pas de mauvaises idées dans la tête de mon enfant ! Il doit réussir ses études !"* Ma mère, elle, employa une méthode bien plus originale. Elle fit venir à la maison le fils d'un de ses amis, un "dessinateur raté" selon ses termes. Ce dernier avait pour mission de m'expliquer à quel point mener une vie d'artiste était dur et que je ne devais surtout pas m'engager dans cette voie, car je finirais sans doute pauvre et malheureux. **Ses mots rentrèrent par une oreille pour ressortir de l'autre.**

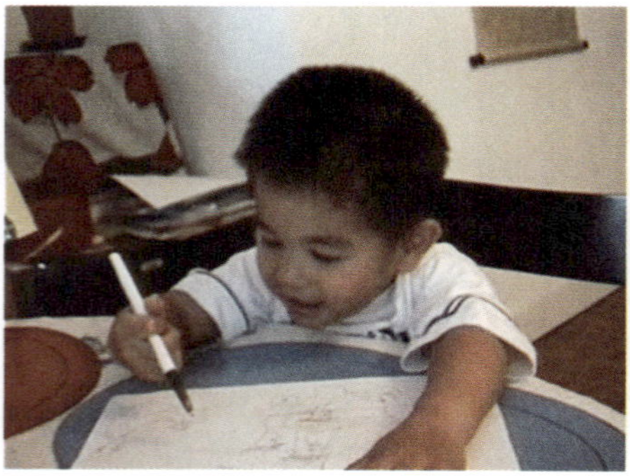

Ce que je ne comprenais pas derrière ces manœuvres de découragement (je ne peux toutes te les citer tant il y en a eu)... c'est pourquoi avoir cultivé mon amour du dessin dans ce cas ? Si dès le départ, **ça ne devait rester qu'un simple hobby,** pourquoi m'avoir encouragé, inscrit à des ateliers, acheté tant de BD/mangas ou même motivé à participer à un concours ? N'était-ce que pour pouvoir se vanter auprès de leurs amis ? **Pourquoi avoir attendu que le dessin devienne une source de joie si immense pour moi et un moyen d'expression dont je ne puis plus me passer pour me l'arracher ?**

***Un village peut être rempli de contradictions. En voulant agir pour ton bien, il prend aussi le risque de te faire terriblement mal.***
***Ton jour viendra, mais en attendant, tu DOIS survivre à ces blessures.***

Comme un enfant ne trouve pas toujours les mots pour exprimer ce qu'il ressent, je n'ai pas su formuler ma pensée à mes parents.
J'ai obéi car la pression de leur regard et des techniques de dissuasion était trop forte. **Pour ne plus souffrir, j'ai décidé d'enterrer mon rêve moi-même.**
Un soir, en larmes, j'ai déchiré et jeté toutes mes planches. 600 pages, à la poubelle. Et la radio aussi, poubelle. Adieu.

## LE YIN ET LE YANG

Bon, maintenant que tu sais que j'ai été éduqué sévèrement, je vais aussi te dire du bien de mes parents avant de perdre tout mon héritage !!
Soyons francs : peu importe comment agit ton village, **il y aura toujours quelque chose à redire.**
S'il te pousse trop, tu risques de vivre avec une pression énorme. S'il ne te pousse pas assez, tu penseras peut-être qu'il s'en fout de toi. Et s'il alterne les deux, tu peux avoir l'impression qu'il t'envoie des signaux contraires.
Comme le village n'avoue que très rarement ses torts (ce ne serait pas drôle sinon !), tu vas au-devant d'immenses conflits si tu le prends de front.

La première étape consiste à avoir conscience de l'existence de ce spectre qui réduit tes possibilités. Maintenant que tu n'es plus un gamin, tu as des moyens de communiquer avec lui. Parle-lui de ton plan, écoute ses doutes, prends ce qu'il peut te donner. **Et s'il continue à se dresser sur ton chemin, cherche un détour.**

Dans mon village, la loi qui régnait était celle de l'excellence scolaire pour obtenir un métier prestigieux. Et si ça devait venir au prix du sacrifice de mes passions et de mes rêves, alors qu'il en soit ainsi. Ça n'a pas toujours été facile, mais grâce à cette éducation "à la dure", **j'ai acquis le goût de l'effort. Et ça, c'est précieux.**

***Qu'est-ce que le village t'a apporté, en bien comme en mal ? Que t'a appris le fait de le côtoyer toutes ces années ?***
***Les bonnes valeurs, utilise-les pour te consolider. Les erreurs, ne les reproduis pas toi-même.***

L'été 2004, lors d'une colonie de vacances à Beijing, j'ai découvert le basketball. Ça a été immédiatement le coup de foudre. Ce sport (cet art !) est venu combler le trou béant laissé par l'extinction de mon premier rêve. Quand tu dessines, tu es seul dans ton monde. Mais sur le terrain, **je me suis fait mes premiers amis.**

Peu de temps après, je ne rêvais plus que de devenir joueur pro et de rentrer en NBA. Pourtant, absolument rien n'indiquait que je puisse y arriver !

Je n'étais pas très athlétique, je mesurais à peine 1m60 à l'époque, et j'avais déjà 12 ans et demi, un peu tard pour vouloir devenir pro… sans parler du fait que ce n'est pas donné à tout le monde !

**Mais moi, j'y croyais.** Et cette ambition de toujours viser plus haut, quitte à paraître parfois ridicule, je la tiens de mes parents. Mon père a grandi sous la guerre du Viêtnam. Ma mère, venue de Chine, a posé pied en Belgique à 14 ans sans un sou et sans parler la langue.
Malgré tous les obstacles, ils y sont arrivés et pour cette raison, **je n'ai jamais eu l'impression que quelque chose était impossible en travaillant.**

Bon, je ne suis pas devenu pro, loin de là !
Mais tu comprends ce que je veux te dire.

## LA GOUTTE D'EAU

**2007.** Un jour, à 16 ans, on m'apprend qu'un casting a lieu dans le hall de mon lycée. Pour un film intitulé *Loup* sur les Evènes, un peuple nomade de Sibérie, le réalisateur Nicolas Vanier recherche des adolescents d'origine asiatique.
Je débarque en jogging, transpirant, un ballon de basket sous le bras. L'équipe remballe déjà les caméras, alors je me présente vite au directeur de casting.
Ce dernier me regarde de haut en bas, sourit et me tend un texte. Il me demande de l'apprendre pour la semaine prochaine et me fixe un rendez-vous. Je m'y rends et fais de mon mieux.

Un mois plus tard, le téléphone sonne à la maison.
Mon père décroche et soudain, je l'entends hausser le ton : *"Il ne faut pas faire miroiter des choses aux jeunes en plein milieu de leurs études !"* Ayant l'ouïe fine, je me concentre depuis la pièce d'à côté pour comprendre de quoi il s'agit.

> *– On a beaucoup aimé l'attitude désinvolte de votre fils, un peu je-m'en-foutiste. Il correspondrait vraiment bien au rôle de l'antihéros.*
> *– Deux mois en Sibérie, c'est trop ! Il doit étudier ! Hors de question !*

Je sors en trombe et regarde mon père… il a raccroché.
Je suis pris pour le film mais il a refusé à ma place, sans même me consulter. On aurait pu discuter : j'étais prêt à amener mes bouquins là-bas pour réviser !

Mais non, **le chef du village a décidé pour moi.**

Je t'épargne la dispute qui a suivi. Je suis rentré dans une colère noire ! Elle s'est conclue par une question de mon père : *"De toute façon, il n'y a pas de place pour les Asiatiques au cinéma ! On n'a que des rôles cliché ! Tu aurais fait quoi après ce film, hein ?!"*

•••

Je suis resté bouche bée. Je ne savais pas quoi répondre. J'avais beau réfléchir dans tous les sens : c'est vrai qu'**à l'époque, il n'y avait personne.** À part pour des scènes d'arts martiaux ou des rôles de composition, on ne faisait pas encore appel à nous. Alors je me suis tu.
Mon père avait gagné... pour le moment.

Au fond de moi, je brûlais de rage et me disais :
**"Je vais devenir le premier. Je vais devenir le premier dans toute la France et te prouver que tu as tort."**

***Parfois, le village a des œillères.***
***Si tu rentres dans son jeu, le spectre risque de t'avaler tout cru. Ne laisse pas ses "non" rétrécir ton champ de vision.***

J'ai passé les deux années qui ont suivi (2008-2009) à me demander : "Et si ?" Et si j'avais joué dans ce film, sur quoi ça aurait débouché ? Et si j'étais parti en Sibérie, serais-je devenu une star ? Et si j'avais raté la seule occasion de ma vie de sortir du chemin imposé par mon village pour réussir autrement ? Des questions naturelles que tu te poses quand tu es rempli de regrets.

Je me suis mis à dévorer des films tel un ogre, espérant ainsi apprendre à jouer. Je ne connaissais rien à l'industrie du cinéma, alors naïvement, j'écrivais des bribes de scénarios, me disant qu'après la prépa, j'irais à Hollywood voir un producteur.

## LE PACTE DE LIBERTÉ

**Mars 2011.** Comme beaucoup d'internautes français, j'ai découvert le phénomène des YouTubers et j'ai immédiatement été fasciné. Depuis leur chambre, sans avoir de comptes à rendre à personne, ils s'éclataient... et d'autres les regardaient.
J'ai compris que **je tenais là ma liberté.**
**Il fallait que je me lance !**
Je devais d'abord mûrir un plan puis me jeter à l'eau.

LE PLAN ICONIQUE DE MON PREMIER SKETCH : L'ARME DE PUNITION MASSIVE.

Le 27 novembre 2012, immédiatement après avoir passé mes concours, j'ai inauguré ma chaîne YouTube, **Le Rire Jaune,** avec le slogan : "Parce qu'un Asiat' qui n'utilise pas l'accent peut quand même vous faire rire."

J'avais 21 ans et j'étais inconnu au bataillon. Étudiant en école d'ingé le jour, auteur de sketchs le soir, je tournais mes vidéos le week-end dans ma chambre avec mon petit frère, chez les parents. Pour le montage qui prend du temps, je m'asseyais au fond de la classe avec mon ordinateur et des écouteurs (avec fil à l'époque) cachés sous la manche.
Attention, je n'étais pas un débutant : de temps en temps, je levais les yeux et hochais la tête pour ne pas éveiller les soupçons du professeur.

Trois mois plus tard, j'avais 15 000 abonnés. Le mois suivant, 30 000. Et celui d'après 50 000. C'était dingue ! **Il fallait que je m'accroche.**

Malgré ce succès, mon village restait sceptique : il considérait que "YouTuber" n'était pas à la hauteur de tous les efforts qu'il avait déployés pour moi. Il essayait de me ramener à la "raison", mais trop tard : **j'avais déjà échappé à son contrôle**.

***Quel que soit ton village, tu as toujours des cartes en main. Le spectre peut vouloir les trier et t'imposer sa manière de jouer. Tu n'es pas obligé de lui obéir.***

Un soir, j'ai mis les points sur les i avec ma mère :

> *– Si ma chaîne YouTube fonctionne et que je gagne plus qu'un ingénieur, promets-moi que tu me laisseras faire ce que je veux.*
> *– Que si tu as d'abord ton diplôme.*
> *– Deal.*

Certains te diront : "*Fais ce que t'aimes et que ce que t'aimes !*", sans penser au lendemain. D'autres te conseilleront de privilégier la sécurité, au risque de te réveiller à 50 ans avec que des regrets.

Moi je te dis :

**"Fais ce que t'aimes,
mais avec un plan chirurgical."**

# CHAPITRE 2

# QUI TU ES ?

Alors maintenant, tu vas me dire : *"Kevin... t'es bien gentil de clore le chapitre précédent par une phrase stylée, mais encore faudrait-il que je sache ce que j'aime !"* Et le pire, c'est que tu as raison. Tout le monde n'éprouve pas forcément une passion claire et nette pour quelque chose. Beaucoup ne savent pas exactement ce qu'ils aiment, hésitent et testent plein d'activités dans le but de trouver leurs affinités : c'est la première étape.

Dans ce chapitre, je vais t'aider à creuser plus pour apprendre à te connaître. Mais je te préviens, tu vas bosser un peu !

**Remplis cette fiche secrète.**
Lâche-toi, n'aie honte d'aucune réponse et ne te retiens pas : ce que tu écris est entre toi et toi-même.
Si tu as peur que quelqu'un tombe dessus ou se moque de toi, remplis-la sur papier libre ou sur ton téléphone.

**Vas-y, c'est important pour la suite.**

# TES POINTS FORTS

• Quelles sont les activités que tu peux faire sans voir le temps passer ? Notes-en au moins trois (*jeux vidéo, bricolage, lecture, origami, cinéma, maths...*).

Dessiner, danser, faire du vélo.

• Quelles sont les choses pour lesquelles on te demande de l'aide parce que tu sais bien les faire (*préparer un gâteau, organiser une fête, traduire, installer une étagère, photographier, écrire un discours, créer un site internet...*) ?

Dessiner, faire à manger,

• Est-ce que tes amis, ta famille, tes profs, tes collègues te complimentent pour certaines qualités (*rapidité, capacité d'écoute, souci du détail, débrouillardise, empathie...*) ?

ma personnalité détachée et "Peace & Love", le fait d'être drôle sans le vouloir, ma patience

• Prends le temps de réfléchir et note ici tes trois principales forces.

le courage
l'envie
l'hypersensibilité (?) / le calme / observer
~~le~~ passé ~~patience~~

• Quelles sont, à ton avis, les activités où ces forces te permettraient d'exceller ?

le dessin
le sport
l'amitié

## TES POINTS FAIBLES

• Qu'est-ce qui te donne de l'urticaire (que tu n'aimes pas faire, qui t'ennuie, qui t'énerve, qui te fait peur...) ?
Cite au moins trois activités.

Mathématiques
Apprendre par cœur
Penser

• Y a-t-il un point commun entre elles (*par exemple : elles requièrent de la patience, de l'agilité, de l'énergie, du travail en solo ou en équipe, de la réflexion...*) ?

De la réflexion

• Est-ce que tes amis, ta famille, tes profs, tes collègues te reprochent certaines faiblesses ? Quelles sont-elles ?

D'être trop sensible
D'être tête en l'air
~~De pas~~

• Quels sont, à ton avis, tes trois principaux défauts ?

Rêveuse
hypersensible
Indécise

• Quelles activités ces défauts t'interdisent-ils ?

Les métiers à urgence (santé)
~~Les~~ Qui incluent une sensibilité, une
histoire humaine

## TON POTENTIEL

• Quels étaient tes rêves quand tu étais enfant ou adolescent ?

Danseuse, basketteuse, chanteuse,
cuisinière (?) voyager

• Qu'est-ce que tu aimerais changer dans le monde ?
Dans quel(s) domaine(s) as-tu envie de t'engager (*l'écologie, la lutte contre les injustices, l'éducation, la santé…*) ?

Tout.
La santé, la mère nature, les injustices
physiques ou culturelle, apprendre aux
enfants la vraie vie été + humains

• Qu'est-ce que tu aimerais encore apprendre (*le codage, le japonais, la gestion d'équipe, le jeu d'échecs, le stylisme, le jardinage...*) ?

A m'apprécier, A devenir courageuse, A faire du sport, A dessiner et peindre, A danser

• Y a-t-il un endroit où toutes ces réponses peuvent se rejoindre ? Si tu as du mal à le trouver, ne t'inquiète pas : je vais t'aider dans les chapitres qui suivent.

Le monde artistique

• Si tu disparaissais aujourd'hui, comment aimerais-tu que les gens qui t'ont connu se souviennent de toi ?
De quoi es-tu fier ?

D'avoir une grande sensibilité, être ~~[illegible]~~ généreuse au point de m'oublier. Savoir avoir la passion de dessiner pour émouvoir les gens. Rester positive malgré la violence du monde.

C'est bon ? Parfait.

**Tu es unique.**

Je peux te garantir que sur cette planète, il n'y a pas d'autre personne ayant la même fiche que toi. Et au fur et à mesure que tu vas avancer dans le livre, tu reviendras la compléter et la faire encore évoluer.

Désormais, toute la question est de savoir **comment transformer tes différences en force.**

# CHAPITRE 3

# CALCULER OU RESSENTIR

## Niarf niarf niarf niarf niarf !!!

C'était mon rire démoniaque à 20 ans, quand tel un méchant dans un film, je préparais mon lancement sur YouTube. Pendant 18 mois, dont 7 passés dans une cave sombre (je t'expliquerai plus tard pourquoi), j'élaborais ma petite stratégie que je pensais infaillible.
10 ans après, l'heure est venue pour moi de te la révéler...

## MON PLAN CHIRURGICAL

En avril 2011, quand j'ai pris la décision de créer une chaîne YouTube, j'ignorais tout du monde de l'audiovisuel.
Je croyais qu'une seule blague, si elle était bien drôle, suffisait à constituer un bon sketch, alors je pensais avoir déjà plus de 100 idées de vidéos ! Puis en commençant à écrire, en rassemblant et en enlevant des facéties, je me suis rendu compte qu'en réalité, j'avais à peine 5 sketchs...
Je devais donc réfléchir à une manière intelligente de les diffuser, pour ne pas gaspiller mes munitions.

À l'époque, j'étais en prépa : je savais que je ne pourrais pas commencer mon aventure avant fin 2012.

Pendant tout ce temps, je voyais des YouTubers français devenir de plus en plus populaires.
C'étaient les débuts de ce nouveau métier qui suscitait un engouement vertigineux.
Chaque semaine, un nouveau visage apparaissait, essayant de divertir le monde depuis sa chambre. Plus les mois passaient, plus il y en avait, et plus je comprenais que je ne bénéficierais sans doute pas de l'immense avantage d'être parmi les premiers arrivés.

J'AVAIS HÂTE DE PERFORMER DANS L'ARÈNE

Ça me démangeait ! J'avais hâte de performer dans l'arène, mais en même temps, j'étais conscient que lorsque j'y ferais mon entrée, celle-ci serait beaucoup plus compétitive.
Je devais donc arriver avec de meilleurs textes, mais ça ne suffirait probablement pas.

**Il fallait que je précise encore plus mon angle d'attaque.**

***Quand tu ne fais pas partie des premiers arrivés, tu as certes plus de mal à te démarquer, mais tu possèdes plus de données.***
***Tu peux les analyser, t'inspirer des réussites, et éviter les erreurs et imprécisions que ceux qui t'ont précédé ont commises.***

Pour démarrer, j'ai choisi d'utiliser ce que j'appelle la technique de la ***"niche / pas niche"***. En gros, toutes les trois vidéos ***niche***, j'en poste une ***pas niche.*** Comment ça marche ?

Mes trois premiers sketchs ("Les Asiatiques", "La K-Pop" et "Les Mangas") s'adressaient principalement à la niche des personnes intéressées par la culture asiatique.
En 2012, en France, ce n'était pas du tout comme aujourd'hui où plein de monde regarde des animes japonais et chantonne Blackpink ou BTS. Ceux qui avaient ces centres d'intérêt-là étaient même plutôt perçus bizarrement, et parfois mis à l'écart car considérés comme trop introvertis.

Beaucoup furent donc agréablement surpris de me voir traiter de leurs sujets préférés avec humour, sans manquer de respect à leurs goûts, ni les dénigrer.
C'était facile et naturel pour moi : j'ai baigné dedans !

**Après deux mois et demi,** le travail a commencé à porter ses fruits : les premières vidéos avaient plu et ma chaîne était suivie par près de 11 000 abonnés, pour la plupart amateurs de contenus autour de l'Asie. Je ressentais beaucoup de fierté, mais je savais qu'il ne fallait pas trop tarder pour prendre un gros risque : celui de **sortir de la niche pour espérer atteindre un public plus large.**

La prudence était de mise : si je m'y prenais mal, ça ne sonnerait pas authentique !
Je devais trouver un thème que je connaissais bien, dont j'avais très envie de parler et qui ne donnait pas l'impression que je l'avais abordé uniquement pour additionner des vues.
J'ai logiquement choisi le basketball, sport que j'aime par-dessus tout, et ça a cartonné.
Ce sketch-là a propulsé ma chaîne au-delà de toutes mes espérances, triplant puis quadruplant le nombre de personnes s'intéressant à mes vidéos, et me prouvant par la même occasion que mon intuition de ***"niche / pas niche"*** était bonne.

JE DEVAIS RÉPÉTER LA MÊME STRATÉGIE

J'ai compris que je devais répéter la même stratégie, avec cette fois-ci un sujet encore plus large que le basket !

Après trois nouvelles vidéos ***niche*** ("Les Sushis", "Le Panda" et "Shanghai") pour continuer à satisfaire et fidéliser mes abonnés de la première heure, j'ai récidivé avec un sketch ***pas niche***, mais alors ***pas niche du tout du tout !***

C'est après ça que ma chaîne a pris une tout autre ampleur : je t'en parle tout de suite.

## L'ARME SECRÈTE

À la base, Henry, mon petit frère, devait juste m'aider à filmer et passer une tête de temps en temps dans mes vidéos. Mais très vite, on a constaté que le public adorait ses petites apparitions et en demandait plus !

**IL FAUT RÉUSSIR À SORTIR DE LA NICHE**

Les duos en humour, ça fonctionne généralement bien : c'est dynamique et tu peux créer plein de conflits marrants. Et lorsqu'il y a une réelle complicité comme c'est le cas avec Tronche d'Âne, ça crève l'écran. Les abonnés s'en étaient rendu compte. J'ai donc demandé à Henry s'il désirait prendre une place plus grande sur la chaîne, et il a accepté.

Comme il n'avait que 16 ans, il s'adresserait plus facilement que moi aux 13-18 ans, qui constituaient une majorité du public sur YouTube à l'époque. Une fois qu'ils auraient intégré sa présence dans mes sketchs, j'allais pouvoir dérouler des sujets tels que la vie au lycée, la première déception amoureuse, le bac, avoir 18 ans… **mais pas si vite !**
Chaque chose en son temps : d'abord, il faut réussir à sortir une deuxième fois de la niche.

***Même lorsque tu as tout prévu, reste souple, prêt à t'adapter à ce que demande ton public (ou tes clients, ou ton marché…). Si tu es trop rigide, tu manqueras beaucoup d'opportunités.***

**Le 8 novembre 2013, pour mes 22 ans, sort la vidéo « Avoir un frère ».**

C'était la première fois qu'Henry avait un rôle aussi central – la première fois aussi qu'un duo se répondait dans un sketch facecam. **Et ce fut un raz de marée.**
La vidéo a squatté la page d'accueil de YouTube pendant une semaine et remporté plusieurs prix.
Désormais, tous les YouTubers de France étaient avertis.

Après un tel succès (plus de 20 millions de vues aujourd'hui), j'ai pu sortir de la niche autant que je le voulais.
"Ce que disent les élèves", "Les Parisiens", "Faire un régime"... sont parus dans l'année. De temps en temps, je revenais quand même à un sketch de niche comme "Le Nouvel An chinois" : c'était l'approche adéquate.
Le 1er septembre 2014, Le Rire Jaune franchissait le seuil du million d'abonnés.

## LOGIQUE VS FREESTYLE

Tu veux ouvrir un bar branché. Quand tu aménages ton local, si tu places tout **au feeling**, tu risques de te foirer : des meubles qui ne vont pas ensemble, un canapé qui tourne le dos à la télé, un papier peint hideux... on dirait le salon de mes parents ! Sauf que si tu agences tout de manière **trop logique**, tu risques d'obtenir la cantine de ton bureau, un lieu sans personnalité.
Quand tu construis n'importe quel projet, c'est pareil. Tu ne peux pas improviser H24, mais tu ne dois pas non plus t'enfermer dans des schémas trop étriqués.
Si tu veux faire la différence, **trouve le juste milieu.**

Je crois en la nécessité absolue d'avoir une base solide, **une structure fondée sur la logique et le calcul.**
Mais j'ai appris avec le temps qu'il faut aussi savoir quand s'en libérer et s'écouter : parfois, tu ne sais pas démontrer pourquoi ta démarche est la bonne, mais tu sens qu'elle l'est.

**C'est l'éternelle danse entre "je le sais" et "je le sens".**

# LE CŒUR A SES RAISONS

**4 juin 2015.** Au lendemain de la Saint-Kevin, je reçois un mail d'un certain Guillaume, travaillant chez Michel Lafon, une maison d'édition. Il dit qu'il apprécie beaucoup mes vidéos et me propose d'écrire un livre.
Je suis surpris et me dis que publier une autobiographie à 23 ans serait sans doute un peu prétentieux. Alors naïvement et sans trop y croire, je lui demande si je pourrais faire un manga. Il me répond :

> *« Bien entendu ! Nous avons l'habitude de laisser nos auteurs s'exprimer créativement au maximum, que ce soit en roman, en bande dessinée... Peut-être pourrions-nous en parler autour d'un verre ? »*

**Je bondis de ma chaise !** Je suis comme un fou !!
Je lis et relis son mail, pensant qu'il s'agit d'une erreur... J'ai posé la question au hasard, et en fait, c'est possible ?! Je croyais mon rêve d'enfance enterré pour toujours, mais le voici soudain ressuscité !!! Je n'aurais JAMAIS pu imaginer cela en commençant ma chaîne !

***Même quand tu reçois une proposition qui au premier abord ne te parle pas, ne dis pas tout de suite non.***
***Essaie de voir comment manœuvrer pour l'amener à te correspondre.***

J'ai immédiatement accepté le rendez-vous.
Je me suis pointé avec une vague idée de manga en tête : l'histoire de deux frères qui font des bêtises dans un royaume en forme de panda, et ça s'appellerait *Ki & Hi*.
Pourquoi deux frères ? Parce que je veux m'inspirer de ma relation avec Henry.
Pourquoi un panda ? Parce que j'adore les pandas.
C'est tout. Je n'ai pas calculé plus loin : **j'ai suivi mon cœur.**

## TOMBÉE DU CIEL

Au fil des réunions avec mon désormais éditeur, j'ai dû me rendre à l'évidence. Même avec toute la bonne volonté du monde, je ne pourrais pas dessiner mon manga : depuis mes 12 ans, je n'avais quasiment plus gribouillé.
Il était sans doute plus sage de faire appel à quelqu'un dont c'était le métier. Guillaume partageait mon avis :

**Guillaume [redacted] - MICHEL LAFON PUBLISHING** ... mer. 5 août 2015 10:58
À moi

Salut Kevin,

Alors faut déjà qu'on trouve l'illustrateur, si tu as des gens qui te plaisent n'hésite pas à me le dire, sinon je vais en sélectionner plusieurs. Ce sera à verrouiller dans le contrat avec l'illustrateur s'il accepte. Il n'y a personne à la maison d'édition en août donc on peut regarder les illustrateurs potentiellement intéressants et commencer à voir ça entre nous.

Bonne journée !

Guillaume

Dans la foulée, il m'a envoyé des profils de dessinateurs, mais aucun ne me plaisait vraiment. Je savais exactement ce que je voulais : j'avais besoin d'un style gag manga à la *Shin Chan* ou *Dr Slump*, avec des traits ronds et beaucoup d'émotions. Et là… à peine 2 heures et demie plus tard (vérifie sur les images, je te jure que je n'ai pas utilisé Photoshop), j'ai reçu ce mail.

**JE SAVAIS EXACTEMENT CE QUE JE VOULAIS**

**Fa Antigny** <fanny.an… mer. 5 août 2015 13:22

À moi

**Salut les gars!**

**Vos vidéos sont juste génialissime ! Elles me font inlassablement rire à chaque fois, vous êtes super, continuez comme ça ! Du coup je vous ai fait un fan art, j'espère qu'il vous plaira :) j'attends la prochaine vidéo avec impatience !**

Fa

Ce message adorable (et truffé de fautes d'orthographe) était accompagné d'un dessin :

Abonnez vous!
YoLo
YoLo
YoLo
HA HA!
USA
6
Le Rire Jaune

Ma mâchoire s'est décrochée.
C'était la meilleure illustration que j'avais jamais reçue de la part d'une abonnée ! Elle regroupait de nombreux thèmes abordés dans mes vidéos et transpirait la joie : c'était l'œuvre d'une personne qui vit pour le dessin.
Et quel timing sensationnel ! **Un coup à croire à la bonne étoile !**

Je n'ai pas réfléchi deux fois : j'ai immédiatement répondu à Fanny pour lui demander son numéro et je l'ai appelée :

*– Salut, merci beaucoup pour le dessin !*
*– De rien !*
*– T'es illustratrice de profession ?*
*– Non, je dessine pour le plaisir, c'est ma passion.*
*– Dis, j'écris un manga là, tu veux le dessiner ?*
*– Euh... oui ? Oui oui oui oui oui !*

Une semaine plus tard, nous commencions notre premier manga.

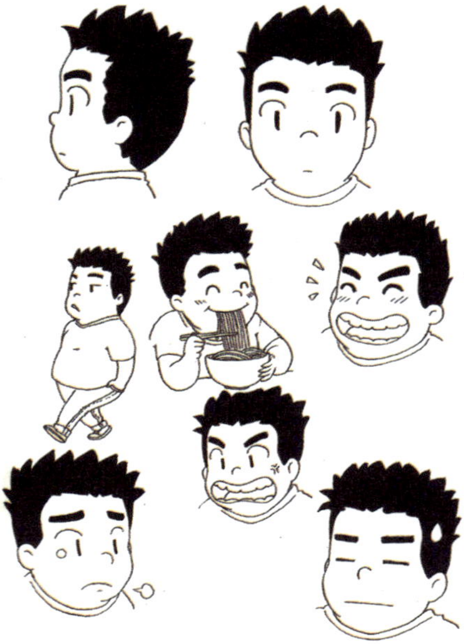

## LE RETOUR DE RENÉ

**Septembre 2015.** L'euphorie du début est passée.
Les contrats sont lancés. La machine est en route : maintenant, il faut assumer.
Là, plus question d'y aller au feeling. Des lecteurs vont dépenser de l'argent pour acheter *Ki & Hi*, alors nous n'avons pas le droit de tricher. C'est l'heure d'être de nouveau méthodique et cartésien, comme ce bon vieux René.

***L'improvisation, le freestyle, le "grain de folie" sont l'une de tes deux jambes. La deuxième, celle de la logique et du calcul, est au moins aussi importante pour avancer. Les deux sont nécessaires, j'en suis convaincu.***
***Rêve, mais reviens vite à la raison.***

L'ÉVOLUTION DES CHARADESIGNS DE KI & HI

J'ai rêvé, mais je suis revenu vite à la raison.

> 1. Rapidement, j'ai fixé le ton de *Ki & Hi* : ça doit être drôle, bon enfant, et peindre toutes les nuances d'une relation entre deux frères. Chaque chapitre contiendra donc des disputes, du chantage, de la jalousie... mais aussi de l'entraide, de la complicité et de l'amour. Des histoires courtes racontant plein d'aventures différentes.

> 2. Fanny et moi devons apprendre à travailler ensemble. Elle a décidé d'arrêter ses études pour ce projet, alors je ne peux pas la décevoir ! Comme elle vit près de Nîmes et moi à Paris, bien s'organiser est crucial (c'était bien avant que le télétravail soit à la mode).
À chaque chapitre et storyboard finis de mon côté, je lui **communique très clairement** ce qu'il faut qu'elle dessine. Puis lorsqu'elle me rendra les planches, mes demandes de corrections devront être limpides et sans ambiguïté, car il faut respecter les deadlines.

> 3. En découpant le premier chapitre, je sens que j'ai quelques lacunes. Pour les combler, j'achète immédiatement des manuels écrits par des mangakas sacrés (Osamu Tezuka et Akira Toriyama).
> Je les dévore et recommence le boulot à zéro. Le chapitre rend tout de suite beaucoup mieux et je peux poursuivre avec confiance.

Chaque semaine présente son lot de défis que je n'ai jamais rencontrés et que je dois surmonter avec pragmatisme.
Dans le feu de l'action, je parviens quand même à prendre un peu de recul sur tout ce qui s'est passé en si peu de temps.

**C'est quand même dingue,**
**comment ce projet a commencé !**

La fluidité, le timing, l'imbrication parfaite de tant d'éléments pour que la "chose" existe... Qui dois-je remercier ? Le ciel, le hasard, mon travail ?

En tout cas, une chose est sûre : **si je me donne à fond, je devrais pouvoir écrire une belle histoire.**

# CHAPITRE 4

# DANS LE LABYRINTHE

## LE DÉDALE DE L'ESPRIT

En commençant à écrire ce livre, par curiosité, j'ai posé une question sur mes réseaux sociaux : *"Quand vous avez une idée ou un projet, quelles sont les raisons pour lesquelles parfois, vous n'osez pas vous lancer ?"*
J'ai été surpris par la diversité des réponses :

> *– Je suis à fond au début mais je me démotive trop vite !*
> *– Flemme de dépenser de l'énergie dans quelque chose qui peut être un échec.*
> *– Je suis trop perfectionniste. J'ai peur de décevoir ou de me décevoir moi-même.*
> *– Réaliser ce qu'il y a dans ma tête, c'est déconstruire le fantasme.*
> *– Manque de discipline, de temps, d'argent…*
> *– Je n'ai pas été éduquée à me dépasser.*
> *– La pression familiale. On ne me soutient pas assez.*
> *– J'ai peur de ne plus pouvoir faire marche arrière.*
> *– Je ne sais pas si je serai au niveau. J'ai l'impression que les autres feront toujours mieux.*
> *– Mes objectifs ne sont pas à la hauteur de mes capacités. J'attends le bon projet.*
> *– Je ne veux pas poursuivre un but, et me rendre compte plus tard que ça ne me rend pas heureux.*

**Douter est humain et naturel.** Moi-même, devant la feuille blanche sur laquelle j'allais écrire mon premier sketch, je me suis demandé : "Merde, dans quoi je m'embarque ?!", "Les gens vont-ils me trouver drôle ?", "Vais-je me taper la honte ?", "Et après cette vidéo-là, je poste quoi ?"...
Et 10 ans plus tard, je me pose toujours ces mêmes questions !

RIEN NE SERT DE FUIR SES DOUTES

T'as beau fuir, elles te suivront, quel que soit le domaine dans lequel tu évolues, et de nouveaux doutes apparaîtront aussi en chemin.

On veut tous bien faire, mais entre ce que tu penses, ce que les autres te recommandent, les différents chemins qu'ont empruntés tes modèles... **tu peux vite te perdre.**

Dans ce chapitre et le suivant, je vais t'aider à lever quelques barrières.

## APPRIVOISE LE "WHY"

**Septembre 2015.** En dernière année d'école d'ingé, j'ai choisi la spécialisation Entrepreneuriat car elle était en alternance. Pour moi, il n'y avait pas meilleure planque : chaque mois, j'allais 5 jours en cours, puis pendant 3 semaines, j'étais stagiaire dans ma propre société ! Je créais donc des vidéos, surveillé de près par un maître de stage très sévère... mon petit frère ! **Tu parles d'une douille !**

En cours, en revanche, j'ai quand même essayé d'être attentif. Et dès la première semaine, on nous a tabassés avec une notion, le "Why" :

> *– Quel est ton "Why" ?*
> *– Tu ne peux pas monter un projet si tu n'as pas de Why.*
> *– Trouve ton Why et il te guidera.*

**Que le "Why" soit avec toi...**

Un anglicisme pour pas grand-chose.
Le "why"... c'est tout simplement la raison pour laquelle tu fais les choses. C'est la réponse à la question : "**Pourquoi ce projet et pas un autre ?**"

Que ton ambition soit de révolutionner la planète ou d'installer ton stand sur un marché, le "why" est ce qui te donne la force de te lever le matin. Et plus il est clair, plus tu donneras envie aux autres de te suivre. C'est tout.

**ESSAIE TOUJOURS DE VOIR PLUS GRAND**

**Le problème, c'est qu'on a trop théorisé dessus.**

Du coup, tu peux avoir l'impression que si tu n'es pas animé d'une cause transcendante, tu n'as pas le droit de te lancer.
Mon "why" en 2012 était de faire rire sans accent.
À mes yeux, c'était une cause très importante pour une meilleure représentation des personnes d'origine asiatique dans le divertissement. Mais à l'échelle de l'histoire de l'humanité, ce n'est même pas un grain de sable.
Pourtant, ce "why" m'a suffisamment motivé pour que j'y aille.

***Ne panique pas si tu n'as pas un grand "WHY" révolutionnaire mais plusieurs petits "why". Inutile d'essayer de trouver lequel parmi eux est "le bon".***
***Qui a dit qu'il n'y avait qu'une seule "bonne" raison de partir à l'aventure ?***

# LA BOUSSOLE INTERNE

Tous tes whys ne sont pas de même nature. Certains sont très louables et te mettent en valeur publiquement (lancer une marque de cosmétiques bio, développer une appli santé, mettre en place un service de livraisons pour personnes âgées…), mais d'autres, moins avouables, n'appartiennent qu'à toi et constituent ta **boussole interne**.
Tu la sors discretos pour la regarder et te motiver, mais tu n'as pas besoin de la montrer à tout le monde.

Ce serait mentir que de te dire qu'en démarrant sur YouTube, je n'avais qu'un seul why. J'adorerais que tu penses que je suis un pur philanthrope, mais non, sorry. En fait, je voulais la totale : faire rire sans accent (mon why public), certes, mais aussi être le premier Français d'origine asiatique de l'histoire à le réaliser, devenir connu, être aimé du plus grand nombre, bien vivre de ma passion, et prouver à tout mon village que je suis le meilleur (ma boussole interne).
Comment révéler tout ça sans passer pour un mégalo ?
Tu n'es pas obligé de le clamer haut et fort, mais intérieurement, tu dois l'assumer et ne pas l'oublier.

***Dans le labyrinthe, tu risques de recevoir toutes sortes de sollicitations qui t'écartent de ta boussole.***
***Savoir dire non est ton issue de secours.***

Avec le temps, tes whys vont sans doute évoluer.
Mon conseil : **ne limite jamais jamais tes ambitions, et essaie toujours de voir plus grand.**

# COMMENT TROUVER TON IDÉE ?

Ha ha ha ! Je t'ai eu avec ce titre accrocheur !
En réalité, il n'y a pas de recette magique : ceux qui prétendent la posséder te mentent. En revanche, voici quelques pistes qui te seront utiles pour imaginer un projet qui te correspond :

1. **Ne reste pas là à attendre "la" bonne idée.** Elle ne viendra presque jamais de cette façon.
Tu dois aller la chercher, malgré les doutes exprimés au début de ce chapitre.
Rien ne te tombera dessus par hasard.

2. **Note toutes les idées qui te viennent en tête.** Même les plus bêtes ou les plus folles, celles déjà existantes ou inédites, que ce soit pour lancer ton entreprise, ou pour avancer sur un projet qui t'a été confié.

3. **Prends du recul.** Laisse reposer cette liste, va siroter un apple mojito dehors et pendant ce temps, relis ta fiche "Qui tu es ?".

4. **Commence à trier.** Reviens à ta liste : qu'est-ce que tu aimes vraiment ? Où est-ce que tu t'imagines ? As-tu envie de te lever pour ça le matin ?

5. **Estime la faisabilité.** Disposes-tu des moyens nécessaires (les savoirs, les compétences, les contacts, les fonds... ) ? Sinon, qu'est-ce qui te manque ? Y'a-t-il possibilité de pallier et de surmonter ces obstacles ?

**Enfin, pose-toi ces 3 questions :**

a. ***"Est-ce que je ne fais ça que pour l'argent ?"***
> On aime tous la thune, mais elle ne peut être le seul moteur de ton projet. Si tu cours uniquement derrière l'argent, tu risques de sacrifier la qualité.

b. ***"Est-ce qu'il y a de la concurrence ?"***
> S'il n'y en a pas, ce n'est pas forcément bon signe. Ça veut peut-être dire qu'il n'y a aucune opportunité de développement. Un peu de compétition ne fait pas de mal !

c. ***"Pourquoi ce projet et pas un autre ?"***
> Reviens à tes whys, à ta boussole. Demande-toi ce que ce projet t'apporte et pourrait changer dans ta vie. As-tu un sourire aux lèvres quand t'y songes ?

Il y a plein de bonnes idées.
Contrairement à ce que l'on pense, tout n'est pas déjà fait, et même ce qui existe peut toujours être amélioré.

Si se poser trop de questions est le propre des personnes intelligentes, vient aussi un moment où **il faut apprendre à être bête !** Tu ne peux pas savoir tant que tu n'essaies pas.

# CHAPITRE 5

# SOIS BÊTE.

Pose ton cerveau. C'est bon, il a assez travaillé.

Maintenant, **il faut mettre la main à la pâte.**
Tu n'as pas fait 40 minutes de RER, payé ton entrée, enfilé ta tenue de natation, effectué ton échauffement au bord de la piscine et vérifié que l'eau était à bonne température pour finalement ne pas plonger car tu te demandes si le chlore ne va pas t'irriter la peau ou si un autre nageur ne risque pas de te mettre des coups de coude.

Tu rigoles, mais pourtant, dans la vie, c'est souvent au moment de se jeter à l'eau que l'on fait demi-tour.
Et tu ne quitteras pas ce job qui t'ennuie. Et ton stand de frites restera à l'état de projet. Et tes prototypes de T-shirts que tu as passé un été à designer... ne sortiront jamais des cartons.

**Tout ça parce que tu refuses d'être bête.**

J'étais, je suis et je serai toujours con, car les fois où ça a fonctionné, ça m'a permis d'avancer et de me créer des souvenirs inoubliables.

## LES ROIS DE LA COM'

# UN TCHAT PORNO.

**C'EST L'ENDROIT QU'HENRY A JUGÉ LE PLUS JUDICIEUX POUR NOUS FAIRE CONNAÎTRE.**

**Novembre 2012.** À la veille de poster mon premier sketch, j'ai appelé un pote qui faisait partie du BDE (bureau des élèves) de mon école.

*– Denis, tu penses que le BDE pourrait envoyer une newsletter à toutes les promos avec le lien de ma vidéo ?*
*– Wah ! Tu t'y prends à la dernière seconde, mec ! J'vais voir c'que j'peux faire !*

Le lendemain, j'ai envoyé la vidéo à tous mes amis et contacts, en espérant que certains acceptent de la partager. Je n'avais aucun plan de communication. Henry, lui, s'occupait d'écrire à toutes les grosses pages Facebook, mais comme elles ne lui répondaient pas immédiatement… il perdit patience.

## NOUS NE NOUS DOUTIONS PAS DE CE QUE YOUTUBE DEVIENDRAIT

C'est ainsi que, quelques heures plus tard, je retrouve ma gueule au milieu de photos de femmes à poil. Mon frère a balancé "Les Asiatiques" dans un tchat porno, avec en prime un message aguicheur que je ne te détaillerai pas. Il n'avait aucune limite et était prêt à tout.
Le pire, c'est que des mecs ont cliqué, puis m'ont insulté, mais les vues ont augmenté !
Et le soir, le BDE partageait enfin ma vidéo. Cette première journée a été forte en émotions.

Bon, pour les sketchs suivants, on a essayé d'être plus sérieux. On a envoyé "La K-Pop" et "Les Mangas" au moment de leur diffusion à des pages Facebook bien ciblées.
Ces dernières les partageaient gratuitement, et comme les vidéos plaisaient, elles gagnaient aussi des abonnés.

Ce que je veux te dire, c'est qu'**à l'époque, on ne savait pas.**

J'ignorais ce qu'était une "étude de marché".
Je n'avais pas de mode d'emploi ni de modèle à suivre sur YouTube, puisque c'étaient les prémices d'un nouveau métier.
Nous ne nous doutions pas de ce que ce média deviendrait : aucune entreprise n'investissait encore des millions sur des YouTubers, il n'y avait pas d'agence dédiée ni de marques demandant à travailler avec nous.
Tout était à faire, et c'était à nous de nous coltiner le chantier.

***À un moment, il faut y aller.***
***Agis, même quand tu n'as pas encore toutes les réponses. Et tant pis si au passage, tu fais quelques bêtises.***

## LA FENÊTRE DE TIR

**Le truc chiant, quand tu réfléchis, c'est que ça prend du temps !!** Or, quand tu as une idée, il y a une notion de timing. Et si t'attends trop et que tu n'es pas bête rapidement, tu risques de laisser le train passer sous tes yeux.

Aujourd'hui, quand je revisionne ma première vidéo, mes poils se hérissent. L'image est floue, le cadrage change à chaque plan, je parle trop lentement, le montage pue... mais j'en suis fier ! Car en 2012, c'était le max que je savais faire.

Le format "sketchs face caméra" commençait déjà à être vu et revu. Si j'avais attendu encore quelques mois pour me lancer, peut-être qu'il aurait été trop tard. Et si ça se trouve, quelqu'un d'autre aurait pris mon super pseudo Le Rire Jaune. Je devais sauter tout de suite dans le wagon.

Certes, ce n'est pas parce que tu manques la première grosse fenêtre de tir que tout est foutu. Si tu arrives avec un concept excellent, tu peux quand même réussir à creuser ton trou. Comme on dit : *"C'est bien d'être le premier, c'est mieux d'être le meilleur."*

Mais si tu peux être parmi les premiers ET le meilleur... pourquoi s'en priver ?

## LE MOT QUI FÂCHE

**DI-SCI-PLINE.** Ne perds pas toujours ton temps à essayer de trouver un ascenseur. Parfois, il n'y a que des escaliers.

LES PREMIERS ESSAIS...
JUSQU'À LA COUVERTURE FINALE DU TOME 1

**Septembre 2015.** C'est très simple : pour bénéficier au mieux des ventes de Noël, la maison d'édition a fixé la sortie du tome 1 de *Ki & Hi* au 20 octobre 2016. Les dernières planches doivent donc être terminées mi-août, afin que le livre ait le temps de partir en correction/maquette/impression.

Cela nous laisse donc 11 mois à moi pour l'imaginer et l'écrire, et à Fa pour le dessiner. Ça tombe plutôt bien : c'est le nombre de chapitres que j'ai prévu pour ce tome.

**1 mois = 1 chapitre.**
1 chapitre = 16 pages.
16 pages = 1 semaine d'écriture et de storyboard + 2 semaines de dessin + 1 semaine d'allers-retours entre nous.

Une fois ce planning strict établi, il faut s'y tenir avec rigueur et ne pas jouer au plus intelligent en voulant trouver d'autres solutions alambiquées. Comme le dit la marque à la virgule : « *Juste fais-le.* »

**Ne te pose plus de questions.**
**Une fois les règles décidées, suis-les aveuglément.**

De temps en temps, tu auras l'impression que la discipline limite ta créativité. En réalité, elle instaure un cadre pour éviter les débordements qui, eux, peuvent noyer ton projet et toutes tes idées. Sur ces fondations solides, tu pourras t'appuyer plus tard pour oser prendre des risques.

UNE PLANCHE DE STORYBOARD ET LE RÉSULTAT FINAL

## GARDE LE CAP

**Octobre 2016.** Le tome 1 de *Ki & Hi* est enfin sorti, et il a cartonné au-delà de toutes mes espérances.
En l'espace de 3 jours, les 50 000 exemplaires prévus se sont tous écoulés et nous nous retrouvons en rupture de stock. C'est le plus grand lancement de l'histoire du manga français.

Dans la foulée, la maison d'édition nous a proposé immédiatement de signer pour 4 tomes supplémentaires.
Je n'avais pas vraiment prévu de suite car je ne pensais pas que ça marcherait autant, mais j'ai accepté illico et Fanny aussi. **Prolonger un rêve, ça ne se refuse pas !**

De quoi allais-je parler cette fois ? Je venais de suivre les Jeux olympiques de Rio, alors bêtement, j'ai imaginé une histoire autour des JO. J'ai pris 2 mois pour détailler le déroulé, et en janvier 2017, j'ai replongé avec Fa.

C'est alors qu'une vague a déferlé sur nous.
Certaines voix dans le milieu du manga français (un milieu avec ses "puristes") se sont élevées. Les attaques contre nous se sont multipliées et se voulaient blessantes. Elles menaçaient de s'infiltrer dans nos têtes et de nous bloquer pour la suite. En cause : ma légitimité.

*– Son torchon ne s'est vendu que parce qu'il est connu !*
*– S'il n'était pas YouTuber, personne n'aurait calculé cette merde !*
*– Il devrait se contenter de ce qu'il sait faire : des vidéos !*
*– Sa dessinatrice gâche son talent en travaillant avec lui.*
*– C'est le tome 1, les suivants ne marcheront jamais !*

Au début, c'était très perturbant pour Fanny et moi.
J'avais le choix : soit les écouter, remercier Fa, rendre mon avance et abandonner. Soit être teubé et avancer sur le tome 2.

Chaque week-end, lors des dédicaces, des lecteurs me disaient avoir adoré le manga et attendre la suite. **C'est tout ce qui comptait.** J'avais 4 nouveaux tomes à abattre, bientôt 5. 1 000 planches qui n'allaient pas se faire toutes seules.
Pas le temps de me demander si je méritais ma réussite, ni d'en profiter. **« *It's showtime* ! »** comme on dit.

***Quand ton plan est clair, ne te laisse pas perturber par toutes les conneries que tu entends. Baisse la tête et avance.***

J'ai pris en compte les critiques constructives en diversifiant les angles du storyboard et en ajoutant des décors partout. Fanny a insufflé encore plus d'émotions dans les personnages, et nous progressions de planche en planche.

Le tome 2 a été bouclé en 8 mois, puis le tome 3, en 5 mois. Ils ont tous été des best-sellers. Idem pour les tomes 4, 5 et 6 qui ont suivi.

**C'est bon ? Tu t'es décidé à être bête ?**
**Parfait ! Passons à la pratique.**

# PARLE

# MOINS

IL N'EST JAMAIS…

# PARTIE II

# FAIS PLUS

...TROP TÔT

# CHAPITRE 6

# IL FAUT QUE ÇA EXISTE !

## UNE ANECDOTE SUR NARUTO

**Juillet 2015.** Par une agréable soirée d'été, j'ai rendez-vous dans un restaurant strasbourgeois de type kebabier avec un très bon ami vidéaste, que nous appellerons Azihatomik afin de garder son identité secrète.
Depuis deux ans, Aziha me martèle qu'il a un super projet de court-métrage autour de l'univers de Naruto. Il est un fan inconditionnel du manga et, entre deux frites, il m'énumère toutes ses idées en effectuant des jutsus (techniques de ninjas) avec ses mains huileuses !
Des costumes de ninjas, un décor de restaurant de ramen, un gigantesque renard à neuf queues modélisé en 3D, le tout sur fond d'orgue japonais, saupoudré de chorégraphies de combats... bref, **le projet s'annonce sublime.**

**Septembre 2015.** Depuis notre dîner gastronomique, Aziha a étoffé son script de nombreuses nouvelles idées et décide enfin de m'envoyer une première version pour avoir mon avis. Moi-même grand amateur de Naruto et pourtant assez critique quand il s'agit d'écriture, j'avoue après lecture que le texte m'est apparu très prometteur.

Encore quelques retouches, et **il ne manquera plus « que » l'argent** pour produire la vidéo. Et comme par hasard...

**Début octobre 2015, devine quoi ?** Tu ne devineras JA-MAIS ! Je reçois un coup de fil de mon manager de l'époque, qu'on appellera Itachi pour rester dans le thème, et j'apprends qu'un jeu vidéo – « Naruto Shippuden : Ultimate Ninja Storm 4 » – sort en février (2016).
À cette occasion, l'éditeur du jeu veut savoir si j'ai envie ou non de réaliser une vidéo promotionnelle sur ma chaîne, pour un budget, attention... de 40 000 euros !!!

*Prends une respiration profonde.* Ok, résumons.

En 2015, j'ai 23 ans. Ma chaîne YouTube n'existe que depuis 3 années : elle connaît certes du succès, mais j'essaie encore tant bien que mal de stabiliser mon affaire. Et là, on me propose d'écrire/réaliser/poster un sketch sur Naruto pour 40 000 balles ?!! **Mais quelle opportunité inespérée !**

Me voilà déjà dans mes petits calculs : si j'arrive à limiter les coûts de production, avec le nombre de vues qu'une telle vidéo peut générer... je devrais bien pouvoir tirer 5 à 6 000 euros de cette affaire, non ? Allez, peut-être 8 000 si je m'y prends bien, c'est faramineux !
Puis ma gentillesse et ma bonne conscience me rattrapent (imbécile que je suis) : je me souviens qu'Aziha a déjà un script tout prêt, et qu'il est bien plus fan que moi de la série. Il serait ravi de réaliser cette vidéo à ma place, surtout qu'il a déjà tant bossé dessus...

*– Allô Itachi ? Euh... j'vais passer mon tour sur ce coup.*
*– T'es sûr ? C'est une belle proposition !*
*– Ouais, parles-en plutôt à Aziha (Itachi était aussi son agent). Il a déjà écrit un truc sur Naruto, il lui manque juste la thune.*
*– Ok, je l'appelle.*

**Pause.** Déjà, est-ce qu'on peut tous se mettre d'accord sur le fait que je suis un vrai frère ??? Un être d'une bonté absolue ?? N'ai-je pas effectué là une passe décisive digne de Magic Johnson ?! Merci.

**Février 2016.** Le jeu sort, comme prévu. Mais… où est la vidéo ? Étant passé à autre chose, j'avais totalement oublié de suivre le dossier. J'appelle donc Aziha pour prendre des nouvelles, et voilà qu'il m'annonce… qu'il n'a pas accepté le projet !

> *"Je veux que la vidéo soit comme je l'imagine. Je ne voulais pas avoir de comptes à rendre aux ayants droit, ni devoir changer mon texte s'ils n'étaient pas d'accord avec une blague."*

**•••**

Sur le moment, j'étais dans l'incompréhension totale, pour ne pas dire très frustré ! J'ai sacrifié un panier pour lui faire cette passe, et ce n'est pas qu'il a raté le tir, ce n'est pas qu'il n'a pas tiré, c'est qu'il n'a même pas voulu attraper la balle ! Une balle qui vaut le prix d'une Mercedes !

Si tu te dis : « Quel dommage ! », imagine ce que j'ai ressenti ! Heureusement qu'avec le temps, d'autres opportunités de ce genre se sont présentées à nous, et aujourd'hui, on en rigole avec Aziha : il m'a même autorisé à te raconter cette histoire.

**La morale de ce bordel :**

Au fond, je comprends la réticence qu'Aziha avait eue à l'époque : être contraint à modifier une œuvre à laquelle on tient et que l'on a déjà tant idéalisée n'est pas chose aisée.

La peur de dénaturer sa vision originelle et d'avoir l'impression de mentir à son public pèse dans l'esprit de nombreuses personnes créatives.
Mais je reste persuadé qu'il existait un moyen de trouver un juste milieu entre ce qu'il imaginait, ce que les ayants droit accepteraient, et ce que le public aurait adoré voir.

Ce juste milieu aurait certes été différent de ce qu'Aziha avait en tête, mais **au moins, il aurait existé.**
Et peut-être que cela lui aurait permis de décrocher par la suite d'autres superbes opportunités de courts-métrages pour des séries tout aussi populaires, qui sait ?

Le fait est que nous sommes en 2022, et la vidéo n'est toujours pas sortie. Je vais lui laisser 10 ans de bénéfice du doute et en profiter pour le taquiner un peu ici :

*Aziha, si tu réalises ce court-métrage avant l'été 2025, je t'offre une Mercedes !*

## COMMENCE PETIT

Tu ne peux pas construire un gratte-ciel dès ton premier contrat. On te propose d'imaginer une petite maison qui te servira de vitrine. Si tu dis non par principe, tu risques de n'avoir ni la maison, ni le gratte-ciel. Ni tout ce qu'il y a entre la maison et le gratte-ciel.

***Connais ta place à l'instant T et, à partir de cette place, donne toujours 100% de toi-même.***

**Personne n'est trop doué pour ne jamais avoir à faire de compromis.** Sais-tu que même Hayao Miyazaki, pourtant génie absolu de l'animation, a dû accepter 20 ans de compromis avant de pouvoir fonder son propre studio (le légendaire Studio Ghibli) ? Je croyais bêtement qu'avec son talent, lui qui fait partie du 1% du 1% du 1%, il avait tout de suite atteint les étoiles. Mais non, jusqu'à ses 40 ans, il a dû négocier, travailler pour d'autres, et accepter parfois des commandes qui ne le laissaient pas s'exprimer artistiquement.
Et **même une fois patron, tu dois continuer à négocier.**

**ATTENTION ! Accepter des compromis ne signifie pas s'écraser. Il y a une limite à tout !**
**Il m'est arrivé d'abandonner un projet pourtant déjà lancé, lorsque les conditions du client devenaient inacceptables, voire humiliantes. Mais j'ai toujours essayé en premier lieu de trouver un accord. Parfois c'est impossible, ça arrive. On avance quand même.**

***Pour que ton projet existe, accepte qu'il ne soit pas identique à la version parfaite que tu avais en tête.***

Je sais, si tu es perfectionniste, c'est difficile. Mais j'ai deux bonnes nouvelles :

> 1. **"Pas identique" ne signifie pas forcément "moins bien".**

> 2. Si tu ne parles pas de ce que tu avais en tête au départ, personne n'en saura rien !

Ton public, tes clients et les gens en général te jugent pour ce qui est, pas pour ce qui a potentiellement été dans ton imagination. Quand tu achètes une tarte au citron à la boulangerie, tu ne te demandes pas si la boulangère l'a faite uniquement parce qu'elle a raté la tarte à l'abricot qu'elle avait en tête à la base ! Tu vas juste juger le goût de cette tarte au citron, et si c'est bon, tu reviendras.

## LE PIÈGE DU MIEUX

On peut tous tomber dedans, à commencer par moi.
Lors de la toute première réunion éditoriale pour ce livre, je demande à Guillaume, l'un de mes éditeurs :

*– Tu ne penses pas que c'est un peu tôt pour que j'écrive un tel bouquin ? Ce serait pas mieux si je vends d'abord une série à la télé par exemple ? J'aurais peut-être plus de crédibilité.*

Il m'a ricané au nez :

> *– Tu veux écrire un livre sur le fait de faire, et tu hésites à le faire ?*

Merde, il a raison ! Guillaume 1 – Kevin 0.
Je pensais qu'il allait s'arrêter là, mais non, il m'a enchaîné :

> *– Et quand t'auras fait une série, tu vas te dire que ce serait mieux si tu fais aussi un film. Et après le film, tu te diras qu'il te faut d'abord une Palme d'or. Et après la Palme d'or...*
> *– C'est bon, c'est bon, j'ai compris ! Je vais l'écrire, ce livre !*

**JE VAIS TOUT FAIRE POUR QUE ÇA EXISTE**

Me voici donc en train de m'adresser à toi, sans avoir réalisé de série ni de film, et encore moins remporté un festival de Cannes... quelle honte ! Est-ce que le résultat final sera aussi fluide et agréable à lire que je l'imagine ?
Je vais tout faire pour.
Mais je dois aussi accepter des compromis avec ma maison d'édition : "Moins de dialogues !", "Plus d'exemples !", "Enlève des photos !"... Parfois, leurs remarques à la con me font carrément chier, mais souvent, je vais les accepter.

Car ce livre... **il faut qu'il existe !**
Sinon il n'y en aura jamais un deuxième.
Ni un troisième.

Au lieu de dire que tu "feras", un jour, quand tous les astres seront alignés, que la lune sera haute/pleine/bleue, et qu'il y aura un arc-en-ciel dehors, **FAIS !** Fais maintenant !

Et si à la fin des fins, ton projet est encore mieux que ce que tu avais imaginé, toutes mes félicitations : **tu as accompli un boulot formidable.**

"IL FAUT QUE ÇA EXISTE"

TEL EST MON NINDŌ !

# 6. IL FAUT QUE ÇA EXISTE !

# CHAPITRE 7

# OUVRE MOINS TA GUEULE !

## LA VÉRITABLE PANDÉMIE

C'est une maladie qui commence aux alentours de 18 ans. Le patient type, que nous appellerons **Jean-Pipo**, est **identifiable par son ego mal placé**.
Pour des raisons diverses et variées (besoin de reconnaissance, volonté de prouver sa valeur à autrui, peur qu'on le regarde de haut, pression de la réussite…), il se comporte comme quelqu'un qui ne se prend pas pour de la merde.

Dès qu'il en a l'occasion, il raconte à qui veut l'entendre sa nouvelle idée révolutionnaire qui le rendra bientôt multimillionnaire. Une idée différente de celle de la semaine dernière – car il en a une neuve chaque lundi – mais cette fois-ci, ça va marcher ! Le monde comprendra alors à quel point il est un génie et un être exceptionnel.

En 2013, suite au succès de « Flappy Bird », il désire créer un jeu mobile. En 2015, avec le développement d'Uber, il veut fonder une société de rente de bagnoles. En 2017, il pense à louer des appartements pour les sous-louer plus cher sur Airbnb. En 2019, il t'annonce qu'il est en train de monter son équipe e-sport pour renverser la scène « League of Legends ». Et aujourd'hui, il plaque tout pour se lancer dans les NFT.

**Si tu l'écoutes, t'as l'impression qu'il est toujours dans les bons coups et à rien d'atteindre le firmament.**

Le seul souci… **c'est que ce n'est que de la façade !**

Dans les faits, **Jean-Pipo est beaucoup plus bavard que travailleur.** Ce qu'il désire, c'est **un maximum de thunes pour un minimum d'efforts, en un minimum de temps**.
C'est pourquoi lorsqu'il débute un projet et que ce dernier s'avère bien plus coriace que prévu, au lieu de se battre, il abandonne sans même essayer.
Il part alors à la recherche d'une nouvelle idée opportuniste, plus simple à mettre en place et plus rémunératrice, en s'obstinant à suivre la dernière mode au lieu d'écouter ce que sa fiche "Qui tu es ?" lui indique de faire.

***Tu ne peux vouloir la gloire sans la sueur qui y mène. Ne sois pas celui qui entame tout sans rien finir.***

Observe autour de toi : t'en connais un, j'en connais un, on en connaît tous un, de Jean-Pipo. Et à l'ère du paraître et des réseaux sociaux nous incitant sans cesse à se comparer les uns aux autres, il en surgit de plus en plus chaque jour.

## LE MENSONGE PARFAIT

De nombreuses années plus tard, lors d'une soirée organisée par des potes que vous avez en commun, tu recroises l'énergumène. Le temps est passé mais il n'a pas changé : cette fois, il est sur "le braquage du siècle si ça marche, mec".

En discutant un peu plus avec lui, tu te rends compte que contrairement à tout ce qu'il proclamait à l'époque, il n'a en réalité pas tant avancé (voire pas du tout).
Curieux, tu lui demandes pourquoi ses précédents projets n'ont pas fonctionné.

> *– Si le jeu mobile n'est pas sorti, c'est parce que mon codeur m'a lâché en chemin, ce traître !*
> *– Le biz' de VTC n'a pas vu le jour car Uber ne distribuait plus assez de licences !*
> *– Le projet Airbnb est tombé à l'eau, les loyers ont augmenté d'un coup !*
> *– L'équipe e-sport, c'était bien parti mais deux joueurs avaient vraiment trop trop trop d'ego, ça a tout ruiné !*

Tu l'auras compris : **ce n'est jamais sa faute.**

À aucun moment, il n'assume et ne dit : *"J'avoue, j'ai merdé. Je pensais que ce serait facile mais je me suis totalement trompé."* Ce serait perdre la face pour lui que d'admettre cela après avoir tant fanfaronné.

Comme il a la tchatche, il parvient à entourlouper quelques gens qui se rallient à sa cause et lui expriment leur empathie. Mais la vérité, c'est que **la personne à qui Jean-Pipo ment le plus, c'est lui-même.**

À force de toujours chercher des excuses pour justifier sa passivité, il a adhéré à ses propres bobards.
Un mensonge si parfait que celui qui le raconte finit par y croire dur comme fer. **Sauf que le temps qu'il a perdu, c'est le sien et il ne le récupérera jamais.**

À la fin de la soirée, comme tu es un peu inquiet pour lui, tu lui demandes s'il ne compte pas trouver un CDI afin d'assurer ses arrières. Il s'offusque.

> *"JAMAIS de la vie ! Je ne suis pas fait pour être employé, moi ! Je ne recevrai d'ordres de personne ! Je serai mon propre patron et resterai libre !"*

•••

À supposer qu'il lance réellement un jour un projet, comment veux-tu qu'il accomplisse quoi que ce soit avec une telle vision des gens pouvant bosser pour lui ?

**Je t'en supplie, ne deviens pas un Jean-Pipo.**

## LA LÉGENDE DU MARATHONIEN SILENCIEUX

**C'est insupportable.** Dès qu'un de mes proches, collègues ou connaissances souhaite courir le marathon, il se sent obligé de le raconter à tout le monde !
Non seulement sa famille et ses potes, mais aussi son boss, son voisin, son chien, sa comptable, ses followers, l'épicier du coin et tous ceux qui n'ont rien demandé : la Terre entière est au courant qu'il s'y prépare.

Depuis la nuit des temps, les explorateurs arpentent les hauts lieux à la recherche du yéti. D'autres aventuriers sillonnent les fonds marins en espérant trouver Nessie.
Moi, je reste juste sur terre et j'attends de tomber sur quelqu'un qui court le marathon sans le crier sur tous les toits. Si tu connais une telle personne, présente-la-moi car c'est mon héros.

***Il y a une forme de beauté à travailler en silence.***
***Il n'est pas nécessaire d'annoncer chacun de tes pas à venir.***

Le marathonien silencieux, **le peu de choses qu'il dit, il le fait.** Et bien.
L'exécution est précise, souvent chirurgicale. C'est ainsi qu'il inspire le respect.
Contrairement au sprinteur bruyant qui attire l'attention de tout le monde pour s'essouffler quelques mètres plus loin, mon héros, lui, sait que **toute vision requiert du temps.**

***Un projet n'est jamais aussi simple qu'envisagé au départ.***
***Des problèmes imprévus et obstacles cachés apparaissent toujours sur le chemin.***

Pour les résoudre, tu dois rester patient et tenace, réfléchir, t'adapter... c'est déjà beaucoup !
**Tu n'as pas besoin d'une pression supplémentaire** causée par le fait que tu aurais trop parlé ou promis des choses dans le vent.

Le dire à ses proches est une chose.
Ça peut "t'obliger à faire" et te motiver.

Mais quand tu le clames haut et fort devant tout le village, tu crées beaucoup d'attente. Tu dois alors vraiment être sûr de pouvoir assumer derrière pour ne pas décevoir.

Moi-même, j'ai déjà trop parlé par le passé en teasant de futures vidéos, puis j'ai essayé l'approche inverse pour voir. Et l'expérience m'a montré que généralement, tu as bien plus d'impact quand tu te tais en amont.
**Si tu ne dis rien, les gens ne peuvent qu'être agréablement surpris.**

**Ouvre moins ta gueule,
car la vie est un marathon.**

# CHAPITRE 8

# NE FAIS PAS FUIR LES LUCIOLES

**Personne ne réussit seul.** Au début, tu peux te débrouiller pour faire et bricoler par toi-même. Mais au bout d'un moment, si tu ne t'entoures pas correctement, tu te cogneras la tête contre un plafond de verre.

Pour éviter d'avoir une bosse sur le front, **tu devras apprendre à déléguer,** trouver des personnes compétentes, leur faire confiance, expliquer ta vision de manière limpide pour qu'elles puissent t'aider, et le leur rendre afin qu'elles aient envie de continuer à te soutenir.
Tout cela est plus facile à dire qu'à faire, mais si tu y parviens, les projets qui naîtront ne seront que plus rayonnants.

## "SI SEULEMENT JE POUVAIS ME DÉDOUBLER !"

Vers ma troisième année à poster des vidéos sur YouTube, les propositions commençaient à affluer et j'étais débordé de travail. Pour m'en sortir, je dus faire appel pour la première fois à un monteur : il m'aiderait à filmer, choisirait les bonnes prises, puis assemblerait les sketchs à ma place.

Et je vais t'avouer un truc : **j'étais TERRIFIÉ !**

À l'époque, l'idée qu'un YouTuber emploie quelqu'un pour le soulager du montage n'était pas une évidence comme aujourd'hui. La grande majorité des vidéastes faisaient encore tout eux-mêmes, de A à Z, et c'est ce qui constituait notre charme.

Le public se disait : *"Ils sont comme nous !", "Ils créent tout depuis leurs chambres !", "Nous aussi, on peut le faire !"*, et c'était cette accessibilité qui nous rendait attachants. En demandant l'aide d'une personne extérieure dont c'était le métier, en n'effectuant plus tout de mes propres mains, j'avais donc peur de mentir à mes abonnés, de ne pas être 100% honnête avec eux.

J'AVAIS PEUR DE MENTIR À MON PUBLIC

Quand on sait à quel point, de nos jours, il est banal pour un vidéaste d'avoir un monteur, **ça paraît fou, non ?**

Mon autre crainte était que le résultat final ne me plaise pas. En trois ans, j'avais eu le temps de développer ma propre façon de monter : un rythme effréné, une manière de placer les zooms bien à moi, l'emploi ou non d'une musique de fond... et tout un tas de petits détails auxquels je tenais.
Je n'étais pas sûr que quelqu'un d'autre puisse reproduire mon style, et je ne voulais pas que le public ait l'impression que quelque chose clochait.

En bref : **j'avais du mal à déléguer,** à faire confiance à autrui.

Mais face à la quantité de boulot à abattre, je n'eus d'autres choix que de sauter le pas. **Et je dois avouer que je fus agréablement surpris !**
J'ai compris que si l'on prend le temps avec une personne, cette dernière saura généralement s'adapter.

***Lorsque tu travailles avec quelqu'un pour la première fois, tu ne peux exiger que d'entrée de jeu, il fasse tout exactement comme tu en as l'habitude, toi.***
***Tu dois faire preuve de patience, bien expliciter ce dont tu as besoin et lui laisser le temps d'assimiler ces nouvelles informations.***

Si cette personne est à l'écoute et a envie de bien faire, vous réaliserez très vite de grands bonds en avant ensemble. À mon sens, vouloir que quelqu'un devienne une simple extension de toi, un clone en quelque sorte, n'est pas la bonne approche.
**Deux cerveaux valent mieux qu'un,** et tu risques de passer à côté de la valeur ajoutée de l'autre.

Bien entendu, ce qui t'est cher doit absolument être respecté : **on ne rigole pas avec l'éthique, ni les valeurs en lesquelles tu crois.** On ne s'amuse pas à détruire les briques fondatrices que tu as mis des années à poser.

Mais pour toutes les questions où tu hésites, tous les points à éclaircir, il peut être bénéfique de d'abord en parler et écouter.

Parfois, vous trouverez directement la réponse ainsi, ne serait-ce que par effet miroir. D'autres fois, les idées émises ne conviendront pas tout à fait, mais c'est en rebondissant dessus que vous parviendrez à la solution. Enfin, si aucune proposition ne se démarque, imposes-en une et on avance.

## LE BON OU LE MEILLEUR ?

De temps à autre, ça coince. C'est normal : tout le monde n'est pas fait pour s'entendre. Les personnalités et les ego peuvent entrer en conflit, et c'est ce qui rend difficile la tâche de trouver la bonne personne.

### Existe-t-il une recette magique ?

Le Kodawari Ramen Tsukiji est mon restaurant de soupes de nouilles préféré à Paris.
Un décor fidèle à l'ancien marché aux poissons japonais, de la farine française faite maison et de bons produits du terroir, une carte à faire saliver plus d'un mordu de gastronomie (je conseille le riz au lait à la Saint-Jacques en dessert)… tu l'auras compris : tout est millimétré !

**En avril 2021,** à l'occasion d'un tournage pour la chaîne du YouTuber Louis-San auquel je fus invité ("Ramen 2€ VS 1 000 000 000€" sur YouTube), j'eus la chance de découvrir les cuisines de ce restaurant.
Les adorables chefs s'étaient levés tôt juste pour nous, afin que l'on déguste un ramen de luxe.

Des ingrédients de tout premier choix, du dashi peaufiné la veille, du Wagyu A5 et du caviar, des nouilles aux textures optimisées pour attraper le plus de bouillon... somme toute, une explosion de saveurs pour mes papilles (as-tu faim ?) !

Impressionné devant tant de savoir-faire et de dévouement de la part des cuisiniers, je ne pus m'empêcher d'aller parler au big boss des lieux : Jean-Baptiste Meusnier.

Je lui ai demandé comment il avait réussi à s'entourer de chefs si fidèles et compétents, et ce qu'il cherchait chez une personne lors d'un entretien d'embauche.
Était-ce l'école dont ils sortaient diplômés ? Les restaurants pour lesquels ils avaient déjà travaillé ? Le nombre d'années d'expérience ? Autre chose ?

Sa réponse me surprit au plus haut point :

***"Je leur demande de faire une omelette."***

... Pardon ?

*– Oui, oui, je leur demande juste de faire une simple omelette. Je précise les caractéristiques que je veux : baveuse ou non, avec ou sans champignons, tomates en dés ou en tranches... et je regarde s'ils arrivent à respecter ces règles.*
*– Ok... mais... comment peux-tu connaître le niveau de quelqu'un par une omelette ?*
*– En fait, un restaurant, c'est ton projet. Il ne doit jamais te glisser des mains : personne ne doit se l'approprier à ta place. Quelqu'un a beau être fort, sortir d'une bonne école, etc, s'il fait tout à sa sauce ou pense qu'un plat n'est pas digne de son talent, je n'ai pas besoin de lui. T'en apprends beaucoup de quelqu'un en lui demandant juste de faire une omelette.*

Ses mots retentirent dans mon esprit et me rappelèrent cette fois où, sur un tournage, un cadreur senior s'était pris pour Scorsese en me regardant de haut.

Il voulait filmer **ma** vidéo à **sa** façon, avec **son** découpage et non le **mien.** Si je m'étais laissé faire, ça n'aurait plus été **ma** création, et **mes** abonnés auraient été déçus.

On s'était engueulé à en faire trembler les murs, et finalement, l'équipe de production l'avait viré du plateau. En urgence, nous avions trouvé un autre cadreur capable, lui, d'être à l'écoute.

**La bonne personne s'implique et fait de son mieux.** Compétente, elle est même force de proposition, mais surtout, elle comprend que **ton** projet reste ton projet.

***Tu es le chef, certes. Mais lorsque tu donnes un ordre, explique que tu ne le fais pas juste parce que tu es le chef.***
***L'intérêt de ton public, de tes clients, est la seule chose qui compte, et garde bien autour de toi ceux qui l'ont compris.***

J'aime travailler avec le meilleur, car la plupart du temps, le résultat sera excellent. Mais s'il me pourrit la vie en faisant la diva, je préfère donner sa chance au bon, dont je perçois l'humilité et la motivation.

**Le bon a peut-être moins d'expérience, mais il a faim** et ne demande qu'à montrer son talent.
De ce fait, il donnera beaucoup pour toi, et avec le temps, **s'il conserve la bonne attitude, il ne cessera de progresser.** Puis d'opportunités en opportunités, de projets en projets, au final, **n'est-ce pas lui qui deviendra le meilleur ?**

## LA DANSE DES LUCIOLES

Tu es le patron d'un cirque à ton nom, Le Cirque Hubert.
Eh bien, mon cher Hubert, tu as réuni clowns, acrobates, contorsionnistes, metteurs en scène… pour produire ton spectacle.
C'est le grand soir, la salle est remplie, les numéros s'enchaînent, les artistes prennent la lumière, ils sont ovationnés : on ne voit qu'eux.

Toi, on ne te voit pas. Personne ne se doute que tu es là.

Mais pas la peine d'être jaloux !

**Tu es la plus grosse des lucioles ayant brillé ce soir.**

La preuve ? Demain, le public aura retenu un nom : le tien. Et c'est du Cirque Hubert dont ils vont parler à leurs copains.

Chaque membre de ton équipe est une luciole qui brille. Ensemble, vous émettez une lumière intense.
Si tu mets en valeur et en avant chacune de ces lucioles, à tour de rôle, vous partagerez ensemble la lumière et elles continueront à graviter autour de toi, la grosse luciole.

Puis un jour, peut-être qu'elles deviendront à leur tour de grosses lucioles et t'éclaireront encore mieux.

Mais si au contraire, tu te comportes comme une guêpe qui les éteint ou les fait fuir, c'est toute la lumière que tu éteins. Plus personne ne voudra travailler avec toi, et fatalement, tu brilleras moins.

***Tu n'as pas besoin d'accaparer toute la lumière : de toutes façons, si ton projet fonctionne, elle reviendra sur toi quoi qu'il arrive.***

**Lance-toi comme une luciole !** Tu verras, c'est contagieux.

## LA PERLE RARE

Le jour où tes affaires marcheront ou que tu deviendras connu, je te préviens : **des gens risquent de changer.**

D'anciennes connaissances, à qui tu n'as plus adressé la parole depuis des années, reviendront te taper la discute.
La plupart du temps, ce sera par intérêt, afin d'obtenir quelque chose de toi. D'autres, qui ont pourtant toujours critiqué ton projet, ne s'arrêteront plus de te complimenter. Enfin, certains n'oseront plus te dire non, par peur de te contrarier et que tu ne veuilles plus travailler avec eux.

Dans ce climat, **il te sera difficile de distinguer le vrai du faux.** Tu auras alors tendance à te refermer sur toi-même, à moins t'ouvrir au monde, par crainte que l'on profite de toi. Et cette carapace que tu te seras forgée pour te défendre, seule une perle rare parviendra à l'entrouvrir.

La perle rare tient le juste milieu. C'est **une personne objective et capable de te dire les choses comme elles sont.** Si tu as merdé, elle n'hésitera pas à te le faire savoir, quitte à ce que tu te sentes frustré sur l'instant.
Elle sait que cela te rendra service plus tard : c'est ainsi qu'elle prend soin de toi, et **elle n'en attend pas moins de ta part.** Ça va dans les deux sens.

J'ai l'immense chance d'avoir plusieurs perles rares dans ma vie, qui m'ont toujours aidé à garder les pieds sur terre.
Pour la plupart, ce sont des personnes assez éloignées du milieu de YouTube.

J'ai rencontré Alex et Jean-Philippe en école d'ingé.
L'un a fondé sa start-up et l'autre est chef de projet.
J'ai connu Mohamed très jeune aux entraînements de basket. Il se lance dans l'e-commerce aujourd'hui. Mon meilleur pote et voisin de lycée, Sharad, est désormais pianiste et compositeur. Kevin (quel beau prénom) monte mes vidéos depuis 2017, et est devenu entre-temps l'un de mes amis les plus proches. Il y a aussi le YouTuber M, qui n'hésite jamais à être cruellement honnête avec moi et dont je te parlerai au prochain chapitre. Quant à Fanny, elle est la meilleure dessinatrice que je connaisse.

J'AI PLUSIEURS PERLES RARES DANS MA VIE

Enfin, le plus important : **j'ai mon petit frère, Henry.**
Je sais que quoi qu'il arrive, on ne se trahira jamais et on se dira toujours les choses.

Ces proches, qui s'en foutent que je sois connu ou non, qui souhaitent mon succès pour moi et non pour eux, sont ma soupape de sécurité. Ils m'ont épargné les distractions qu'auraient pu provoquer de mauvaises fréquentations, et m'ont ainsi aidé à protéger ma créativité, qui est mon moteur.

Avec le temps et plus de 10 ans d'expérience, j'ai réalisé que **tout ce qui n'est pas sincère finit par s'effondrer :** c'est inévitable.

**Les gens qui durent sont ceux qui s'entourent sainement.**

POUR MES 30 ANS, MES POTES M'ONT ORGANISÉ UNE FÊTE SURPRISE EN LOUANT UNE VILLA À QUELQUES HEURES DE PARIS. CE FUT UNE SOIRÉE SIMPLE, EN PETIT COMITÉ, ET C'ÉTAIT TOUT CE QU'IL ME FALLAIT.

# CHAPITRE 9

# LA RELIGION DE L'EXÉCUTION

L'exécution, c'est le fait de faire. **La religion de l'exécution, c'est la conviction que faire t'amènera vers des opportunités toujours plus épanouissantes** – dont tu ne pouvais même pas soupçonner l'existence jusque-là. **C'est tout ce que tu ne vois pas, ou pas encore...** Ça te semble flou ? Tu vas comprendre.

Dans ce chapitre, je vais te raconter en détail, pour la première fois depuis sa publication, l'histoire de la vidéo la plus vue de ma chaîne : "**Dragon Ball – Le Son des Enfers**".

Tu verras qu'à la fois, un tel projet n'est pas si sorcier à faire, mais qu'en même temps, beaucoup d'astres doivent s'aligner. Prépare le pop-corn !

## 3...2...1... ACTION !

**En décembre 2017** paraît le super jeu vidéo de combat "Dragon Ball FighterZ". Tout comme ce que je t'ai raconté pour Naruto précédemment, on me contacte pour la promotion et me propose, cette fois-ci, de réaliser un clip de musique sur ma chaîne, avec un très gros budget : **100 000 euros !**

J'accepte immédiatement sans réfléchir, car 1) je suis un immense fan de l'œuvre d'Akira Toriyama, et 2) je n'ai aucun doute que le thème plaira à mon public.
Je n'y connais rien en musique, je n'ai jamais réalisé de clip, ni eu à gérer une telle enveloppe de ma vie, mais je ne pouvais refuser : **on trouvera les solutions en cours de route !**
Il faut que ça existe, pas vrai ?

J'apprends, dans la foulée, les enjeux : c'est la première fois au monde que Dragon Ball confie sa licence sacrée pour de la création originale de contenu sur le web !
Et ce n'est ni à un grand studio, ni à une chaîne mondialement connue, mais à moi, un jeune YouTuber français de 26 ans, qu'ils ont remis les clefs... Je prends un bref moment pour remercier ma bonne étoile, mais je ressens la pression : **il faut assurer !! Pas le choix !**

SCAN MOI !

**Dragon Ball - Le Son des Enfers**

Avant d'aller plus loin, je te demanderai d'abord de visionner cette vidéo, en scannant le code ci-dessus.
Tu peux la regarder entièrement ou en diagonale : ça te permettra de mieux comprendre la suite.

## UN PAS DEVANT L'AUTRE

Maintenant que nous sommes tous à jour, disséquons.
J'ai commencé par lister les étapes par lesquelles j'allais devoir passer :

1. Écriture du scénario ✓
2. Composition et enregistrement de la musique
3. Élaboration du storyboard ✓
4. Conception des costumes
5. Construction des décors
6. Répétitions des chorégraphies ✓
7. Tournage du clip
8. Montage, effets spéciaux et mixage son

Le symbole ✓ désigne les parties où j'étais quasiment sûr que ça se déroulerait bien, soit parce que j'avais suffisamment d'expérience, soit car le risque de se planter était assez faible. Les ✓ étaient sous contrôle.

Tout le reste représentait, pour moi, un challenge : je n'avais jamais participé à la fabrication de costumes, ni de décors, par exemple. J'ignorais d'ailleurs tout de ces métiers.
Il fallait donc être très méticuleux durant les réunions de production, monter une superbe équipe et communiquer clairement, afin de **limiter le nombre de mauvaises surprises.**

***Avec de la méthode, une tâche qui te paraît complexe devient faisable.***
***Commence par décomposer ton projet, dresse une liste des actions à mener, détermine tes forces ✓ et pointe tes faiblesses : celles-ci, on va s'en occuper.***

Durant l'exécution, je me suis rendu compte, à ma plus grande joie, que **tous les petits projets de moindre envergure que j'avais réalisés ces dernières années me servaient enfin** et m'aidaient à éclaircir les zones d'ombre !

## LE PIRE CHANTEUR ET LE PIRE PROF

Je vais te révéler, comme promis, l'identité du YouTuber M : il s'agit de Maskey, qui joue Cell (la grande créature verte) dans le clip. La musique, ce n'est pas du tout mon truc, mais Maskey, lui, c'est son élément ! Les notes lui viennent naturellement, tu n'as jamais l'impression qu'il force, et il était logique que je lui confie la direction musicale du projet.
Sauf que, comme beaucoup de personnes talentueuses, il peut vite perdre patience si tu as du mal à comprendre ce qui lui semble évident. Alors je peux te dire que moi (et mon fabuleux sens du rythme), je l'ai fait sortir de ses gonds !

La première fois qu'il m'a enregistré pour le couplet de Buu (le bonhomme rose), il criait partout dans le studio : *"NON ! T'es hors beat ! T'es hors beat, Kevin !"* Et moi, n'ayant jamais rappé de ma vie, je comprenais : *"T'es orbite !"*, et je me disais : *"Mais pourquoi est-ce qu'il me parle de satellites, ce con ?!"*

**Tu vois la gueule du duo ?** C'est moi qui devais chanter, mais à la fin, c'est lui qui n'avait plus de voix !

> *« Arrête de trop réfléchir, la musique, ça se ressent ! »*
> *« Mais c'est pas possible de chanter aussi faux ! »*
> *« J'ai jamais vu quelqu'un d'aussi éclaté que toi ! »*

J'ai eu droit à ses meilleures insultes, mais franchement, ça me faisait rire. D'une, parce que j'appréciais son franc-parler, et de deux, car je n'ai absolument aucun ego en musique : je sais que je suis nul ! Et le pire, c'est que ça aurait pu être bien plus galère et laborieux ! Heureusement qu'avant, sur ma chaîne, j'avais déjà tenté de chanter à deux reprises :

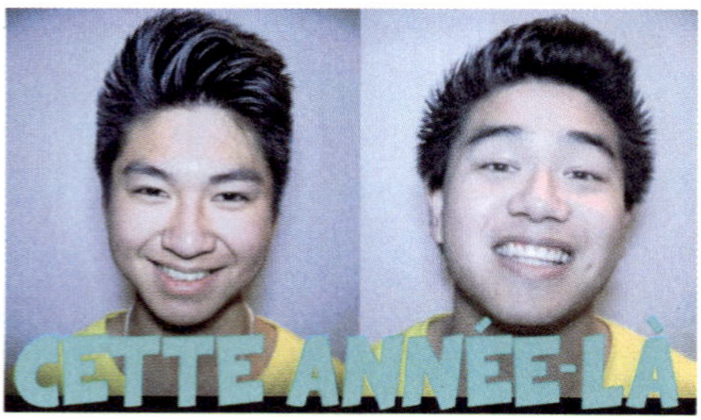


**En 2013,** avec mon frère, nous avions parodié la chanson "Cette année-là" de Claude François. C'était une vidéo pour "combler", afin que les abonnés n'attendent pas trop longtemps entre deux gros sketchs.

Je me suis dit : *"On n'a jamais fait de chanson, alors autant essayer et commencer à apprendre !"* Et même si le résultat n'était pas terrible (si tu l'écoutes, pardon pour tes tympans), ce fut une première occasion de s'entraîner.

**En 2017,** pour une collaboration avec la CNIL sur la protection de la vie privée, j'ai enregistré un jingle, "Peter Le Screener". Ce n'est toujours pas du Ed Sheeran, mais j'avais déjà moins peur d'être devant un micro, et j'ai chanté un peu plus juste.

**Sans ces deux petites expériences préalables, je ne sais même pas si j'aurais osé accepter ce projet Dragon Ball, à la base.**

Au moins, là, j'étais confiant : en m'appliquant, le couplet de Buu devrait être écoutable. Et puis, comme c'est un personnage maladroit et rigolo, chanter un peu faux me serait pardonné : ça m'a beaucoup rassuré.
Bon, au final, le résultat passe, non ?

***Ne fais pas quelque chose uniquement pour le faire. Essaie toujours d'en tirer un enseignement ou un bénéfice pour plus tard ! Ça ne peut que te servir.***

## LE VENTRE DE LA BALEINE

Le célèbre mythologue Joseph Campbell décrit "le ventre de la baleine" comme l'étape où le héros, ayant décidé de partir à l'aventure et ne pouvant plus revenir en arrière, se rend compte du monde immense dans lequel il a mis les pieds. Un monde très différent de tout ce qu'il connaît, régi par des lois nouvelles, et auquel il doit s'adapter au plus vite s'il ne souhaite pas y laisser sa peau.

Dans ce ventre, ma plus grande frayeur était que l'on foire les costumes et le maquillage, et que Maskey, Aziha, mon frère et moi ne ressemblions à rien. Alors j'ai décidé de m'entourer de vrais pros, et c'est ainsi que j'ai découvert l'univers des costumiers et maquilleurs effets spéciaux.

Au premier rendez-vous, Adrien Giffard (le chef maquilleur) sent notre anxiété et s'amuse à la faire monter d'un cran :

> *– Êtes-vous claustrophobes ?*
> *– Ça dépend, pourquoi ?*
> *– Parfait, on va s'amuser.*

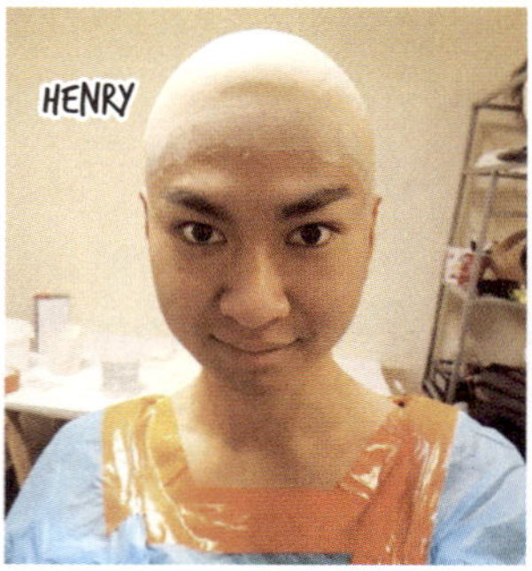


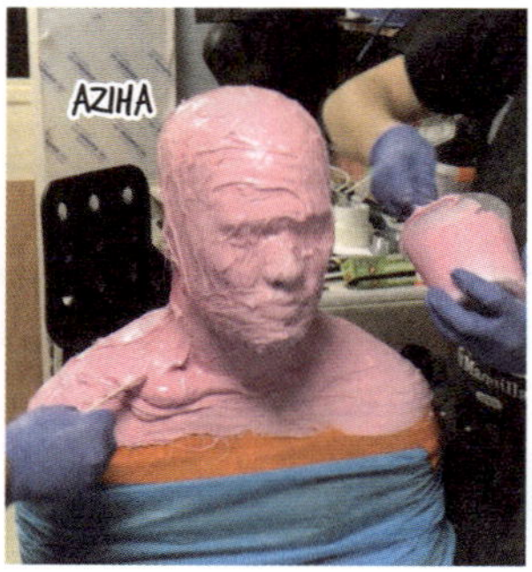


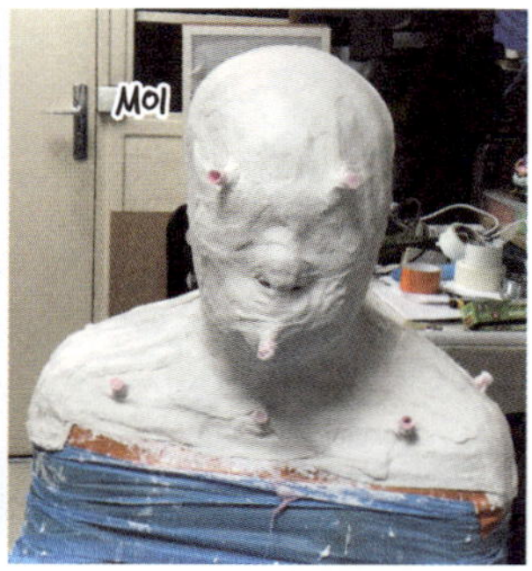


Il nous installe sur des chaises et, avec son assistant, commence à faire joujou avec nos têtes :

- **Étape 1 :** Ils nous barbouillent les cheveux de gel, pour les plaquer en arrière et cacher le volume.
- **Étape 2 :** De faux crânes sont collés sur nos vrais crânes : je sais désormais quelle tronche j'aurai quand je serai chauve.
- **Étape 3 :** Deux personnes qu'on vient tout juste de rencontrer nous badigeonnent le visage de silicone rose, en nous disant : "Ferme les yeux, ça va bien se passer..."
- **Étape 4 :** Couche par couche, des bandes de plâtre sont placées par-dessus le silicone, afin d'assurer la prise d'empreinte. Interdiction de bouger pendant une demi-heure : il fait chaud et noir là-dedans, mon frère s'endort et je l'entends ronfler.

• **Étape 5 :** Une fois le tout sec, tu ouvres le moule à l'arrière en le découpant avec des ciseaux, et nous voici libérés. Mon frère ronfle toujours.

En faisant couler du plâtre liquide dans ces moules, on obtient des "statues" à notre effigie. Cela permet de créer des masques et des perruques sur mesure. Fantastique, non ?

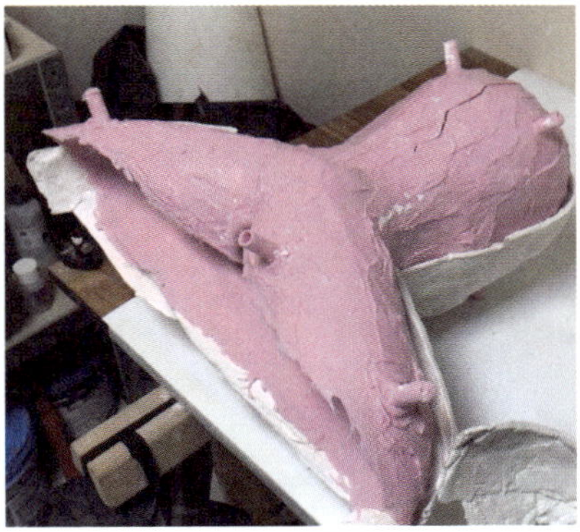

Les costumes, eux, devaient être réalistes, mais aussi fonctionnels : il fallait que l'on puisse bouger, danser, sauter sans qu'ils nous entravent ni ne se déchirent.
L'équipe s'est posée de nombreuses questions :

> *– Les proportions du manga sont-elles adaptables à celles des humains ?*
> *– Comment assurer l'homogénéité entre les personnages ?*
> *– Quelle astuce pour que la queue de Freezer ne pèse pas des tonnes ? Pour que les ailes de Cell restent flottantes ?*
> *– Quel tissu utiliser pour éviter les plis ? Où dissimuler les coutures ? Comment rendre les couleurs éclatantes ?*
> *– Où cacher les zips qu'il faut ouvrir de temps en temps pour nous permettre de respirer ?*

Ils maîtrisaient et, pour être franc, je n'avais aucune valeur ajoutée à ce niveau. Tout ce que je pouvais faire pour les aider, c'était me rendre disponible, être à l'heure à chaque rendez-vous, répondre vite à leurs textos et à leurs demandes, bref, **ne pas leur rendre la vie plus difficile.**
Ça paraît évident et c'est la moindre des choses, mais tu serais surpris d'apprendre combien ne le font pas.

***Quand tu es dans le ventre de la baleine, n'aie pas honte de demander l'aide de personnes complémentaires qui pourront pallier tes faiblesses. Et ces personnes, respecte-les !***

## LA CAISSE OU LA VITRINE ?

Entre la composition musicale, les costumes, le maquillage, le coût d'une équipe de production, la réalisation des effets spéciaux, les frais de location et autres devis… **l'enveloppe se vidait dangereusement.** On avait déjà dilapidé une grande partie des 100 000 euros, et il nous restait encore à reproduire les décors atypiques de Dragon Ball.
Arène de combat, vaisseau spatial, pyramide de rochers, arbres aux formes exotiques (et même une forêt entière !), tout cela allait me coûter un bras.

**J'avais alors deux options :**

- 1. **Gagner de l'argent** en me limitant à des décors de merde.
- 2. **Perdre de l'argent** mais faire du « Son des Enfers » une vitrine… d'enfer !

J'ai évidemment choisi la deuxième option.
Pour moi, c'était un pari sur le futur. Bien que l'idée de travailler 6 mois sans gagner le moindre sou, en y mettant même de ma poche, ne me faisait pas bondir de joie, j'avais la conviction que cette vidéo m'installerait une bonne fois pour toutes dans le paysage. Et surtout qu'elle fidéliserait mon public et lui donnerait envie de revenir encore et encore.

Il a quand même fallu faire des concessions et être malin pour que je ne me ruine pas. Pour donner une impression d'espace, nous avons imprimé cinq gigantesques bâches.
Et pour apporter du relief, au premier plan, nous avons rajouté quelques "vrais" arbres, de "vrais" rochers, un vaisseau apporté par Freezer lui-même…

Et tu sais quoi ? Tout le monde, y compris les ayants droit, a adoré le résultat.

***Être un adepte de la religion de l'exécution, c'est savoir que faire ne paie pas obligatoirement aujourd'hui même, mais te fait gagner encore plus à court, moyen ou long terme.***

## EN METTRE PLEIN LA VUE !

Freezer qui s'écrase sur le sol, la magnifique boule d'énergie, la fumée sortant de la tête de Buu, le petit chat qui parle, l'arbre se décrochant à la fin... sans ces effets spéciaux, on est d'accord que la vidéo aurait quand même été bien fade !

**UN BON RÉSULTAT DEMANDE DU TRAVAIL**

Sauf que, pour avoir un joli résultat, ça demande beaucoup de travail et de temps aux artistes : tu dois donc, dès le départ, bien leur expliquer ce que tu souhaites.
Si tu n'es pas clair, que tu changes d'avis en cours de route, puis que tu les accables de modifications une fois qu'ils t'ont rendu les plans, tu risques de les épuiser.
Dans le pire des cas, certains t'enverront même paître !

Heureusement, depuis un an et demi, je m'étais déjà un peu familiarisé avec la 3D :

- **En mars 2017,** dans le sketch "La Prépa 2", mon frère apparaît dans une « salle du temps » toute blanche, avec seulement une maison et deux sabliers en fond (il faut commencer petit !). Ça m'a permis d'avoir une estimation du temps nécessaire pour tout modéliser, et de comprendre que quand c'est validé, on ne revient plus en arrière !

• **En juin 2017,** dans la vidéo « Protéger sa vie privée », ma tête se transforme soudainement en caméléon. Le rendu est déjà mieux et j'ai appris que même quelques secondes de 3D peuvent coûter assez cher.

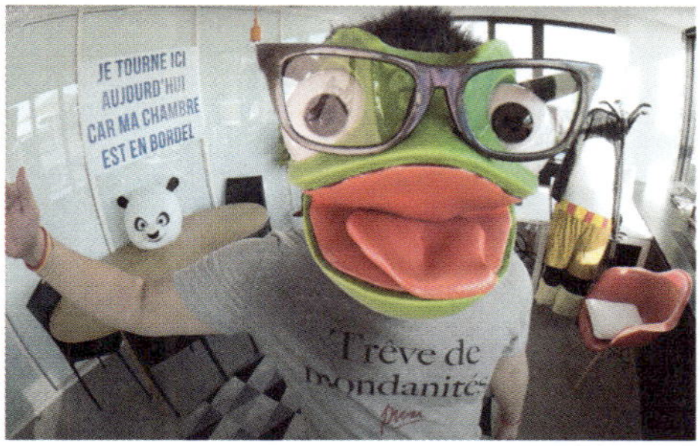


• **En juin 2018,** dans notre faux trailer de *Pollen-man*, mon frère se fait piquer par une sorte d'abeille-guêpe radioactive et développe alors le pouvoir de contrôler le pollen.
C'était le dernier échauffement avant Dragon Ball.

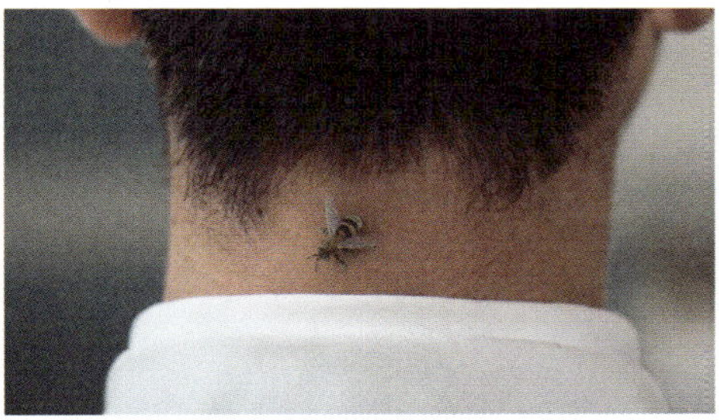

J'avais volontairement intégré ces quelques petits effets spéciaux au sein de mes sketchs, pour bien saisir les problématiques. Ainsi, le jour où il y en aurait vraiment beaucoup dans une vidéo, je ne serais pas dépaysé et pourrais travailler avec les spécialistes.

J'ignorais cependant que cela me servirait aussi vite !

# Dans les coulisses du SON DES ENFERS

1. SESSION D'ÉCRITURE ENTRE MASKEY, AMINE ET MOI

2. AZIH... EUH... UN POTE QUI ENREGISTRE SON COUPLET

3. EXTRAIT DU STORYBOARD : UNE DANSE EN DESSIN

4. HENRY, TRÈS SÉRIEUX POUR UNE FOIS, SE FAIT MAQUILLER AVANT D'ENFILER SON COSTUME

5. VUS DANS LA NATURE :
DES ARBRES VIOLETS

6. ULTIME RÉPÉTITION,
LA VEILLE DU TOURNAGE

7. ENTRE DEUX PRISES,
IL FAIT FROID DANS LE HANGAR

8. IL NE RESTE PLUS QU'À INCRUSTER
LE MEILLEUR ACTEUR DE LA VIDÉO

## LA THÉORIE DES ESCALIERS, DU PROFESSEUR TRAN

*"À chaque fois que tu exécutes, tu construis une marche. Si tu montes sur cette marche, et que tu exécutes encore, t'en bâtis une deuxième, plus haute. Et petit à petit, tu te tiens debout au sommet d'un escalier."* Signé, **un grand érudit.**

Ces escaliers sont formés de tous les acquis que tu as accumulés avec le temps. En fait, tu n'en construis pas qu'un seul mais plusieurs à la fois. Et lorsqu'ils finissent par se croiser, **c'est là que les étincelles ont lieu.**

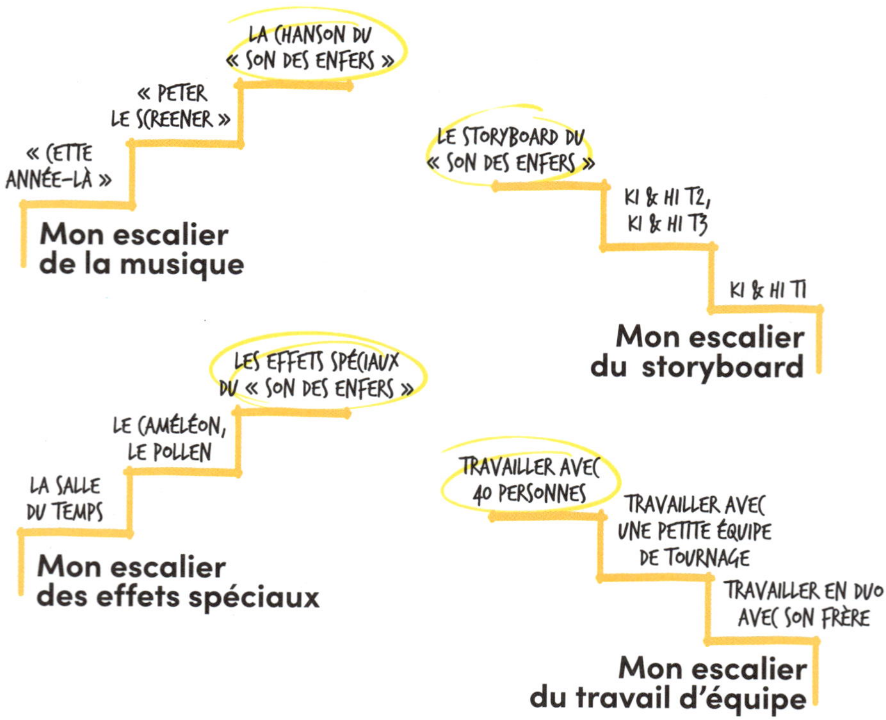

**Au début, tu n'imagines pas que tes propres escaliers puissent se recouper.** Je n'aurais jamais pensé, en 2013, alors que je n'arrivais même pas à régler le focus de ma caméra pour tourner dans ma chambre, que 5 ans plus tard, on me proposerait une telle opportunité. Et encore moins que je serais capable de la mener à bien.
Si tu ne construis pas ces marches, si tu n'exécutes pas, non seulement tu n'auras pas ce que tu vois, mais **tu passeras aussi à côté de ce que tu ne vois pas.**
Et ça, c'est dommage, non ?

## ILS NE SAVENT PAS

Pendant que tu seras concentré sur tes escaliers, certains essaieront de profiter qu'ils soient encore fragiles pour tenter de les démolir. Ne te laisse pas distraire, ni abattre par ceux qui ne savent que critiquer sans jamais être constructifs.

Et devine quoi ? **Ceux-là exécutent encore moins.** Comment pourraient-ils alors comprendre la complexité de ce que tu entreprends ? La direction vers laquelle tu souhaites te diriger ? Les subtilités régissant chacune de tes décisions ? Pardonne-leur, car ils ne font qu'observer les escaliers des autres depuis leur rez-de-chaussée.

Sois néanmoins à l'écoute des critiques constructives, surtout si elles proviennent de personnes qui te veulent du bien, ou qui sont également dans l'action.
**Elles ne sont pas toujours ce que tu veux entendre, mais ce que tu dois entendre.**

Évidemment qu'au début, tes marches seront trop étroites, trop hautes ou de travers. Mais en les bâtissant chaque jour, tu sais ce que tu cherches à accomplir : **lever le voile de l'invisible** et découvrir quelles nouvelles aventures formidables t'attendent. Et lorsque tu y parviendras, tu ne pourras plus t'empêcher de te demander en boucle :

***"Mais qu'est-ce que le futur me réserve d'encore plus fou ?!"***

*Je souhaite de tout cœur qu'un jour, tu réalises, toi aussi, ton "Son des Enfers", si ce n'est pas déjà fait.*
*Un projet dont tu seras fier, et qui fera partie de ton héritage.*
*Merci à la Toei Animation : aujourd'hui, 4 ans et 30 millions de vues plus tard, je sais que les souvenirs que je me suis forgés méritent toutes les nuits blanches passées.*
*Avec Henry, nous pourrons re-regarder ce clip à 80 piges, assis au coin du feu sur nos rocking-chairs, en nous disant :* ***"Qu'est-ce qu'on était cons, quand on était jeunes !"***

# CHAPITRE 10

# CONTRÔLE CE QUE TU PEUX CONTRÔLER

Tu es tombé de vélo et tu t'es fait très mal.
Tu as besoin de plusieurs points de suture et de jours d'immobilisation. Tu ne peux pas accélérer le temps dont ton corps a besoin pour cicatriser la plaie, car c'est biologique. En revanche, tu peux optimiser le processus de guérison en prenant les médicaments prescrits, en te reposant suffisamment… **Ça, c'est sous ton contrôle.**
Plus tôt tu prendras les choses en main, plus tôt on te reverra sur les pistes en bonne santé.

**Dans la vie aussi, tu te feras mal et plus d'une fois !**
Il y a tellement d'inconnues pouvant surgir à chaque instant que tu ne peux pas tout prévoir ni planifier.
Un caillou se glissera forcément dans les rouages, et là, si tu ne contrôles rien, c'est toute ta machine qui va dérailler. Et dans sa chute, elle entraînera parfois d'autres personnes qui n'ont rien demandé.

***Ce n'est qu'en contrôlant ce que tu peux contrôler, que tu as une chance de contrôler ce que tu penses ne pas pouvoir contrôler.***

## LA BASE DE LA BASE DE LA BASE

Commençons par le plus facile. Je radote mais je fais exprès. Certaines choses élémentaires ne demandent **AUCUN** talent.

- **Sois à l'heure !** Quand t'arrives tout le temps en retard, **tu donnes l'impression à la personne qui t'attend que son temps est moins précieux que le tien.**
Surtout si tu ne préviens même pas avec un texto.
Dors 5 heures plus tôt, mets 81 réveils et pars dès l'aube s'il le faut : **démerde-toi pour arriver à l'heure !**
Le "quart d'heure de politesse", c'est qu'avec les potes.

J'ai connu un chanteur bourré de talent qui avait une audition importante avec une maison de disques en Corée. Ils étaient très intéressés et allaient probablement le signer... mais il a loupé son avion. En Asie, les gens font la queue sur des kilomètres et s'arrachent les cheveux dans l'espoir d'une telle opportunité ! Eh bien on ne lui a jamais proposé de deuxième chance. T'imagines ? Je serais arrivé à l'aéroport une semaine en avance pour attraper mon vol !

• **Réponds aux messages/appels/mails !** Les gens ont besoin de ton avis, de ta contribution ou de ton accord pour avancer. **Tu ne peux pas bloquer un processus éternellement.** Bien sûr, tu n'es pas toujours disponible ou tu as parfois besoin de plus de temps pour prendre la bonne décision. Dans ce cas, réponds simplement en ce sens.
"Bien compris, je reviens vers vous au plus vite", "J'attends la réponse d'untel, dès que je sais, je te dis", ou le fameux mail automatique : "Je suis en congé cette semaine, je vous répondrai à mon retour" font l'affaire. Ne laisse pas les gens dans le vent car ça te desservira à la longue.

• **Un minimum de savoir-vivre :** Bonjour, excusez-moi, s'il vous plaît, merci, au revoir. Personne n'aime côtoyer les grossiers individus malpolis. Ça marche aussi pour les commères. Si tu parles sans cesse derrière le dos des gens, tes interlocuteurs vont penser que tu dis aussi du mal d'eux quand ils ne sont pas là. **Reste au-dessus de tout ça.**

T'as vu, il n'y a que 3 petits points mais déjà, beaucoup ne savent pas les respecter. Que ce soit au travail ou en amitié, **tout cela contribue à la perception que l'on peut se faire de toi.**

Si tu donnes l'impression que tu n'es pas quelqu'un de fiable, sur qui l'on peut compter, ton boss ne te confiera aucun travail à haute responsabilité, tes collègues te verront comme un frein, tes employés te prendront moins au sérieux et tes amis penseront que tu ne tiens pas tant que ça à eux.

**DEVIENS QUELQU'UN DE FIABLE**

La plupart mettront alors une distance avec toi, **car comment se projeter avec quelqu'un qui ne maîtrise même pas la base de la base de la base ?**

✓ ≈ ✗

**En mars 2020,** j'ai commencé la production de ma première mini-série en dessin animé : *Coup de foudre dans l'avion !*

Comme c'était tout nouveau pour moi, j'ai encore une fois dressé ma petite liste des tâches à réaliser :

**Étapes :**

1. Scripts des épisodes 1-2-3 ✓
2. Développement visuel des personnages, des décors, etc. ✓
3. Storyboard ≈
4. Animation et compositing ✗
5. Doublage des voix ≈
6. Montage ✓
7. Composition de la musique ✗
8. Mixage et design sonore ✓

Le **symbole** ✓, tu le connais déjà. C'est quand je sais que ça va bien se passer.

Le **signe** ≈ désigne les zones moins évidentes : pour m'assurer de bien faire, j'ai besoin de beaucoup y réfléchir ou de demander l'appui d'un expert.
Pour le storyboard par exemple (étape 3), il a fallu choisir intelligemment quoi montrer et animer à l'image, afin d'économiser le nombre de plans et rester dans le budget. On ne pouvait pas se permettre d'animer chaque passager d'un avion !
Pour le doublage (étape 5), j'ai beaucoup répété les intentions de jeu et briefé les (super) comédiens en amont, afin de ne pas partir dans la mauvaise direction lors de l'enregistrement. Le jour J, j'ai également fait appel à un directeur artistique de la voix pour m'épauler.
Ainsi, j'étais sûr que le résultat serait top.

Et pour le **vilain** ✗, c'est tout ce pour quoi, à l'instant T, je ne suis d'aucune utilité car je ne saurais pas le contrôler. Je me fie alors entièrement à des professionnels, en essayant de leur communiquer du mieux possible ce que je veux et en restant à leur écoute.
Grâce à eux, j'ai énormément appris en animation (étape 4). En revanche, pour l'étape 7, je suis toujours aussi nul.

**ATTENTION ! D'un projet à l'autre, pour une même étape, un symbole ✓ peut devenir un signe ≈ ou un vilain ✗, et vice versa. Tu dois t'ajuster à chaque fois.**

**Quand tu mènes un projet ambitieux :**

1. Commence par **lister toutes les tâches** que tu as à réaliser. Note à côté de chacune d'elles ce que tu sais accomplir, et ce que tu ferais mieux de confier à quelqu'un d'autre de plus expérimenté.

Utilise les symboles ✓ ≈ ✗ ou ceux que tu veux, tant que c'est clair pour toi. Mais ne te mens pas à toi-même : **si tu ne sais pas, tu ne sais pas.**

***Accepter que tu ne peux pas tout contrôler… c'est une forme de contrôle !***

2. Ensuite, **impose-toi des deadlines.** Un planning pour t'organiser c'est bien, mais des dates que tu ne peux pas te permettre de dépasser, c'est mieux !
Si tu désires te déguiser en monstre de Frankenstein pour Halloween mais que tu ne finis de coudre le costume que le 1er novembre, t'auras l'air bien bête !
**Tant qu'il n'y a pas de deadline, il ne sera jamais l'heure d'y aller pour de vrai**.

3. Enfin, **fixe des rendez-vous,** que ce soit en physique ou à distance ! D'une, ça ne te laisse pas d'autre choix que de te lever. Et de deux, **ça t'oblige à planifier des petites séances de travail les jours d'avant,** histoire de ne pas arriver les mains vides à ta réunion. Tu passerais pour un imbécile et t'aurais fait perdre du temps à tout le monde.

## C'EST CHIANT MAIS C'EST NÉCESSAIRE

**Trois fois dix heures.** C'est le temps que j'ai passé à côté d'Alix, l'ingénieur du son qui a habillé toute ma première mini-série. Le sound design (étape 8) est vital pour immerger le spectateur : c'est ce qui donne de la vie, donc de la crédibilité, à ton dessin animé.

Quand ma mère referme doucement la porte de ma chambre, cette dernière doit grincer. Quand mademoiselle Park m'envoie un SMS, il faut de discrets bruits de clavier. Même si dans la vraie vie, il est en mode silencieux.
Et c'est comme ça pour chaque plan de chaque épisode. Ce sont des heures de travail.

**PAS LE CHOIX. IL FAUT LE FAIRE !**

Des heures durant lesquelles… **bordel, c'que j'me fais chier !**

Pourtant j'adore Alix, mais rester avec lui toute la nuit à écouter des sons, dire quel bruit de touches de téléphone je préfère, pinailler si le grincement évoque une porte en métal plutôt qu'en bois…

Les deux premières heures, ça passe. À la vingtième, perso, je n'ai plus jamais envie de toucher à une porte.
Mais bon, il faut bien le faire pour s'enfuir du studio.

Alix, lui, ça ne le gêne pas du tout. Il est passionné par son boulot et le mien lui donne de l'urticaire. La réciproque est vraie : **heureusement que nous nous sommes rencontrés.**

***Tu ne peux pas tout aimer dans un processus. Certaines étapes sont faites pour toi, mais tout ce qu'il y a entre ne te fait pas toujours marrer.***
***C'est chiant, oui, mais nécessaire.***

Quand je suis assis deux semaines de suite à côté de Fanny pour boucler un tome de *Ki & Hi*, et que je lui demande de remonter le sourcil d'un personnage pour exagérer son expression, de déplacer un nez un peu plus vers la droite ou de corriger un pétale de fleur dans un arbre... nous avons tous deux connu plus exaltant dans la vie.
Mais par respect pour le lecteur, nous nous devons de donner le meilleur de nous-mêmes. **Il faut passer par là.**

***Faire attention aux détails et te donner à 100% : ça, tu peux le contrôler.***

## SAVOIR CE QUE TU VEUX

**C'est ton projet : tu dois savoir où tu vas.**

Si ta vision est trouble ou que tu changes tout le temps de destination, ton entourage le ressentira et doutera de tes décisions. Difficile dans ces conditions de demander à quiconque de se donner à fond pour toi.
À l'inverse, **si ce que tu essaies d'accomplir est clair et net,** on pourra plus facilement te pardonner tes gaffes, car on sait que même si parfois tu t'égares, tu n'es jamais perdu.

**L'été 2016,** ça n'a pas été facile de finir le tome 1 de *Ki & Hi*. C'était notre tout premier manga à Fanny et moi, alors évidemment, nous avons commis (surtout moi !) des bourdes en coulisses. Un chapitre ne tenait pas la route, alors je l'ai réécrit. Certaines cases n'étaient pas logiques donc je les ai corrigées. Je modifiais encore et encore la chevelure d'un des personnages. **Et à chaque fois, il fallait redessiner.** Je te le dis : plus d'un illustrateur aurait abandonné.

Mais Fa, elle, continuait à manier son stylet sans broncher. La raison ? Une discussion que nous avions eue à Noël 2015.

– FANNY, JE SUIS SÛR QUE NOTRE MANGA VA FAIRE UN CARTON, J'EN AI AUCUN DOUTE !

– POURQUOI ?

– BAH D'UNE, PARCE QU'ON EST LE DEUXIÈME PAYS QUI LIT LE PLUS DE MANGAS AU MONDE. ET DE DEUX, Y A QUASIMENT PAS DE MANGAS PUBLIÉS PAR DES FRANÇAIS, ET C'EST SOUVENT DES HISTOIRES D'AVENTURES. ON VA ÊTRE LES TOUT PREMIERS À FAIRE UN GAG MANGA !

– J'ESPÈRE QUE TU AS RAISON… EN PLUS, LES GENS AIMENT BIEN LES HISTOIRES ENTRE FRÈRES ET AUTOUR DE LA FAMILLE.

– EXACTEMENT ! FAUT JUSTE QU'ON FASSE BIEN LE PREMIER TOME. S'IL PLAÎT ET FONCTIONNE, JE NE VOIS PAS COMMENT IL N'Y AURAIT PAS DE SUITE !

LET'S GO !

Fanny a accepté de me suivre, car même si certains jours c'était le brouillard, je savais ce qu'il y avait au-delà de la brume. **Et ça a marché !**

***Quand tes choix et actions s'inscrivent dans une perspective plus grande, c'est bien plus facile de convaincre le monde de te suivre.***

C'est vrai pour un manga quand on est 2, pour un dessin animé quand on est 30, et pour des projets à plus nombreux. Si tu n'as pas une idée claire de ce que tu veux accomplir, petit à petit, on ne voudra plus t'emboîter le pas. Tu devras alors changer d'équipe en permanence, recommencer à chaque fois à zéro, rebâtir une synergie, tout réexpliquer… **c'est épuisant !**

N'oublie pas que **les personnes qui t'aident sont elles aussi en train d'écrire une page de leur propre histoire.** À toi de faire en sorte qu'elles en soient fières.

FIN OCTOBRE 2017, JUSTE APRÈS LA PUBLICATION DU TOME 2, J'AI ÉTÉ INVITÉ À TOKYO POUR VISITER LA SHUEISHA – LA PLUS GRANDE MAISON D'ÉDITION DE MANGAS AU MONDE – AINSI QUE LE FABULEUX STUDIO D'ANIMATION BONES. ÉVIDEMMENT, J'AI EMMENÉ FANNY EN CACHETTE DANS MA VALISE. NOUS AVONS FÊTÉ HALLOWEEN À SHIBUYA, MANGÉ DANS LES MEILLEURS RESTAURANTS DE SUSHIS ET DÉPENSÉ TOUT NOTRE ARGENT EN PELUCHES ET FIGURINES. CE FUT UN VOYAGE INOUBLIABLE !

# CHAPITRE II

# LA BOULE DE CRISTAL

Après avoir publié son essai sur la théorie des escaliers, le Professeur Tran fut acclamé par toutes les universités de France et de Navarre. Pour fêter cela, il but une limonade. Puis il s'enferma à nouveau dans son laboratoire pour continuer ses travaux.

Quelques années plus tard, il en ressortit avec une découverte encore plus brillante, qui lui valut le prix Nobel du génie : **la conjecture des branches.** Une méthode d'estimation révolutionnaire qui permettrait à tout un chacun de lire dans son avenir de manière extrêmement fiable. N'ayant pas la même fulgurance que le Professeur, je vais tenter de t'expliquer tout ça comme je peux, avec mes petits mots...

## L'ARROSAGE DES GRAINES

**À chaque fois que tu fais, tu arroses une graine.**

Il existe des milliers, des dizaines de milliers de types de graines : les graines de la musique, de la sociabilité, du leadership, des mathématiques, de la prise de parole en public, de la débrouille, de l'endurance...
Je ne vais pas te citer toute la liste : elle n'en finit pas.

Certaines graines présentent peu de points communs entre elles, et d'autres font partie de la même famille.

Quand tu gribouilles pour la première fois sur un bout de papier, tu es en train d'arroser ta graine du dessin. **Et ça te donnera peut-être envie de continuer.**
Parfois, tu arroses plusieurs graines d'un coup. Quand un soir tu prépares le dîner pour les amis que tu reçois, tu arroses beaucoup la graine de la cuisine certes, mais aussi celles de la prévoyance, de l'organisation, de la gestion du stress...

Si tu continues de faire et d'arroser, les graines vont germer puis pousser, développer des racines, devenir des plantules qui se transformeront en petits arbustes... et un jour, peut-être, se tiendront devant toi de jeunes arbres.

## LA CONJECTURE DES BRANCHES

Il y a des arbres dont tu vas t'occuper plus que d'autres et, de ce fait, ils vont mieux pousser et leurs branches se développer. Une fois qu'ils sont grands, ce qui prend bien sûr un peu de temps, **les branches de certains arbres vont se rejoindre.** C'est ici que naissent les premiers projets.

**En 2015,** mes arbres du dessin et de l'écriture s'étaient entrelacés pour donner naissance à un manga, *Ki & Hi*.
**En 2018,** les branches d'autres arbres (la gestion d'équipe, le chant, la patience...) avaient à leur tour grandi : elles se sont croisées avec les premières pour m'aider à réaliser un clip de musique, « Le Son des Enfers ».

J'étais surpris par ces opportunités que je n'aurais jamais pu imaginer quand j'ai débuté sur YouTube, même dans mes rêves les plus fous... mais c'était parce que je n'avais pas encore entendu parler de la **conjecture des branches !**

Dans son livre *Forêt de l'avenir*, le Professeur l'explique ainsi :

> *"Au croisement le plus haut de vos branches, construisez votre nid. Allongez-vous et contemplez le ciel. Comme vous êtes au point culminant, plus aucune branche ne se croise. Mais regardez bien : elles continuent à pousser.* ***Vous voici devant votre boule de cristal."***

Le Professeur ne s'exprime pas toujours en termes intelligibles, car pour lui tout est évident. Ce qu'il veut dire est très simple : **tant que tu fais, les branches de tes arbres continuent à pousser.** En les regardant au-dessus de toi, tu peux alors deviner lesquelles finiront par se rejoindre, et tu peux même estimer quand aura lieu l'intersection et ce qui en naîtra.

## TA FORÊT DE L'AVENIR

Quand tu chantes (*branche*), écris (*branche*) et composes (*branche*) tous les jours, tu sens à peu près vers quand tu seras capable de nous pondre une chanson cool.
Quand tu sortiras ce single, tu sauras combien de temps ça t'a pris, et tu pourras estimer une date pour ton premier EP. Après ça, tu auras une bonne idée de ce sur quoi tu as encore des progrès à faire et là où tu dois mieux t'entourer.
Ce n'est plus qu'une question de temps avant que tu nous droppes l'album qu'on attend tous. Mais tu ne peux rien prévoir tant que tu n'as pas fini cette première chanson.

Elle est le point de croisement où **tu dois construire ton premier nid pour contempler le ciel.**

Si tu as un doute sur quels sont tes arbres, reviens à la fiche « Qui tu es ? », chapitre 2. Tu comprends désormais son importance : elle te rappelle quelles graines tu as fait pousser, ce que tu aimes, **ce pour quoi tu es fait.**

Maintenant que tu as presque fini de lire la deuxième partie de ce livre, tu es armé pour remplir de nouveau cette fiche et la compléter. D'autres idées te sont certainement venues alors ne te retiens pas ! Le résultat risque de te surprendre.

***Si tu persévères, arrivera un moment où tu sauras de quoi demain sera fait. Ce qui t'arrivera ne te surprendra alors plus, car la plupart du temps, tu l'auras déjà vu en amont. Ce n'est que le fruit de ton travail.***

Bien entendu, il est possible que cette vision du futur se trouble. Parfois, les aléas de la vie ou accidents malheureux ne te laissent pas d'autres choix que de t'arrêter.
Il se peut aussi qu'en chemin, la passion s'éteigne ou qu'une plus grande responsabilité s'impose à toi. Même là, **continue à inspecter chaque arbre de ta forêt,** y compris ceux que tu ne regardais pas jusqu'à présent. Quelles branches peuvent se croiser ? Lesquelles dois-tu développer ?

**Tu es plein de ressources, à toi d'oser les découvrir.**

## D'OÙ VIENNENT LES RÊVES ?

Si je t'affirme qu'en 2026, je vais remporter la finale de la Coupe du monde de football en marquant 3 buts face au Brésil de Neymar, tu vas éclater de rire et me demander le numéro de mon dealer. Parce que ça, ce n'est plus de l'ordre du rêve mais de l'utopie absolue !
La raison est simple : **je n'ai aucun arbre ni aucune branche m'autorisant à avoir cet objectif.**
Même parmi ceux qui arrosent les bonnes graines chaque jour, seule une infime poignée parvient à ramener la coupe à la maison. **Ce n'est même pas la peine que j'y songe.**

Mais si je te dis qu'un jour, je peux gagner un Oscar ?

Tout de suite, ça paraît moins délirant. Ça reste fou, certes, et tu vas sans doute penser que je suis mégalo, mais en levant la tête, j'arrive à entrapercevoir un chemin parmi les feuillages. Pour te le décrire, partons d'en haut.

**Soyons fous, justement !**

Il y a actuellement une vingtaine de catégories aux Oscars : il faut en viser une. Je suis un comédien lambda et un piètre compositeur, donc oublions vite tout ce qui est statuette du meilleur acteur ou de la meilleure musique de film.

**Ce dont je suis capable tout de suite, c'est écrire et réaliser des petits dessins animés.** Ça je sais le faire, et plutôt bien ! De ce fait, la catégorie qui me paraît la moins inatteignable est celle du meilleur court-métrage d'animation.

Descendons ensemble au fur et à mesure.
Pour espérer remporter ce bonhomme en or, tu dois d'abord faire partie des 5 nominés de cette année. Il te faut donc au préalable réussir à t'immiscer dans la liste des candidats éligibles, sélectionnés dans le monde entier. Pour être éligible, il y a plusieurs critères. L'un d'entre eux est d'avoir remporté le premier prix à un festival majeur, reconnu par l'Académie des Oscars. En France, il y en a 4 : les Césars, les festivals de Cannes et d'Annecy, ainsi que le festival international du court-métrage de Clermont-Ferrand, chacun ayant ses propres règles. Tu l'as compris, c'est loin d'être facile !

Mais c'est là que ça devient amusant : **on arrive à la partie que je peux contrôler.**
Tout le paragraphe précédent ne dépendait pas de moi : je ne peux forcer les différents jurys à voter pour ma création. Par contre, ce qui est en mon pouvoir, c'est de continuer à progresser en réalisation de dessins animés pour un jour proposer un court-métrage qui ait une chance de l'emporter à l'un de ces festivals majeurs.

Même si la route est longue et difficile, une fois découpée en petites étapes, ça semble tout de suite plus faisable.

Vais-je réussir ? Je n'en sais rien : je te dis juste que c'est possible. **C'est un rêve parmi d'autres rêves qui me sont autorisés dans ma forêt,** car j'arrose les bonnes graines et je fais pousser les bonnes branches.
Si un jour j'arrête parce que j'y suis contraint ou que je n'ai plus envie, alors ce rêve deviendra utopie.

***En arrosant ta forêt de l'avenir, tu vois les rêves qui te sont autorisés. Même si tu ne les concrétises pas tous, les poursuivre enrichira ta vie et lui donnera des couleurs.***

Certaines nuits, le vent soufflera très fort. Il te faudra apprendre à protéger ton nid.
C'est ce que je vais te montrer dans la troisième partie.

# GRAND

## ET

# PARTIE III

# IR...
# DURER

(COMME LE BON VIN

# CHAPITRE 12

# LA VOLONTÉ D'ADAPTATION

## MAÎTRE DU JEU

L'année où je me suis lancé sur YouTube est aussi celle où j'ai été opéré d'un ligament croisé. Pendant plusieurs mois, je n'ai plus pu jouer au basket.

J'étais frustré, impatient de m'y remettre, et comme j'avais enfin du temps pour moi à la fin de mes concours, je regardais des matchs de la NBA pour combler le manque.

Cela faisait 2 ans et demi, depuis les finales de 2010 remportées sur le fil par les Lakers, que je ne m'étais plus levé à 4 heures du matin pour les suivre en direct.
Et là, scotché devant mon écran, j'ai remarqué un grand changement : Kobe Bryant, mon idole, jouait désormais beaucoup plus dos au panier.

Plus jeunes, à 20 ou 25 ans, les joueurs stars de basket courent démesurément vite et sautent par-dessus les défenses : ce sont des monstres d'athlétisme. Puis, vers la trentaine, lorsque le corps commence à fatiguer et qu'ils n'ont plus la vitesse nécessaire pour pénétrer dans les raquettes adverses, la plupart voient leurs performances diminuer.

**Mais pas Kobe.**

Kobe, à 34 ans, était encore au sommet de son art.
La raison ? En fait, **il s'était toujours préparé à avoir 34 ans et plus.**

Kobe avait compris très tôt qu'un jour, il ne pourrait plus dominer physiquement ses adversaires. Il devrait alors exploiter d'autres atouts : son expérience et sa meilleure connaissance du basket. Comme tu peux le voir sur la photo, jouer dos au panier permet de mieux protéger la balle et d'imposer un rythme de jeu plus lent. Cela te laisse donc le temps de « lire » la défense pour prendre la bonne décision.

Sauf qu'à haut niveau, si tu veux exceller en jouant de la sorte, tu vas d'abord devoir maîtriser une pléthore de techniques ! Footwork (le jeu de jambes qui te permet de créer de la distance avec ton défenseur), fadeaway (un tir en arrière très difficile à contrer), baseline spin move (une rotation du corps qui laisse l'adversaire dans le vent), step back, pump fake, sky hook... je m'arrête là car je pourrais y passer la journée.

Kobe n'a donc pas effectué une telle métamorphose du jour au lendemain. Il ne s'est pas réveillé le matin de ses 34 ans en se disant : « *Tiens, et si je changeais tout ce qui a fait mon succès jusqu'à présent ?* »
Non, il a volontairement travaillé toutes ces techniques en amont, implémentant petit à petit chaque geste à son jeu, et ce, dès son entrée dans la ligue. Si cette transition nous a paru fluide, à nous spectateurs, **c'est parce qu'il a préparé ses 34 ans dès ses 17 ans.**

C'est cette **obsession** de **s'adapter** et de **se réinventer** sans cesse qui lui a permis de réaliser une illustre carrière de 20 ans au sein d'une seule et même équipe.

***Secret de longévité : On parle souvent de "capacité d'adaptation", je préfère dire "volonté d'adaptation". Au lieu de chercher à résister à des changements inévitables, accepte plutôt de t'y préparer.***
***La première étape consiste à être honnête avec soi-même : reconnais tes faiblesses, identifie ce qui risque de te manquer plus tard, et à partir de là, mets tout en œuvre pour ne pas être pris au dépourvu.***

Au lendemain d'un des matchs de Kobe, je fus foudroyé par une intuition :

***Moi aussi, un jour, je ne serai plus considéré comme un « petit jeune » sur YouTube.***

Je ne bénéficierai plus de l'image « cool », ni des autres avantages qu'on a à 20 ans. On ne me pardonnera plus les blagues faciles ni déplacées.
Et qui sait combien de temps l'effervescence autour de ce nouveau métier qu'est YouTuber peut durer ?

**Je ressentis un besoin à la fois urgent et évident : il fallait que je développe dès à présent mon propre jeu dos au panier, mon propre fadeaway.**

Mais comment faire ? Par où commencer ?
Pour obtenir des réponses, je devais d'abord comprendre ce qui risquait de m'arriver si je ne faisais rien.

## LA MALÉDICTION DE L'HUMORISTE

Le succès peut devenir le pire ennemi de l'humoriste.
Au début de sa carrière, quand il est encore un parfait inconnu, il raconte sur scène ses problèmes de la vie de tous les jours, qui sont aussi ceux de monsieur Toutlemonde.
D'ailleurs, Toutlemonde s'esclaffe : « *Mais qu'il est drôle ! C'est si vrai ! On dirait qu'il parle de moi !* »

L'artiste, fort de son talent, commence à avoir de plus en plus d'admirateurs : on le reconnaît dans la rue, on le salue dans les transports, on lui offre même un verre au bar.

Et quelques mois plus tard, il est alpagué à chaque coin de la ville. Ses salles sont pleines à craquer, des célébrités s'y immiscent, il est invité aux soirées mondaines du show-biz et tourne même dans quelques films.

Désormais, il ne peut plus prendre le bus ni le métro sans être photographié, alors il engage son propre chauffeur.
Il ne va plus à la poste ni au supermarché : des assistants le soulagent de ces tâches. Après tout, pourquoi s'en priver, s'il en a les moyens ?
Il savoure pleinement les fruits de son labeur, et quelque temps (parfois années) plus tard, il envisage enfin l'écriture d'un nouveau spectacle.

Seulement, voilà : devant sa feuille, la réalité le percute.
**Ses blagues ne sont plus aussi drôles.**

C'est qu'il vit une autre vie aujourd'hui, bien différente de celle d'avant son succès. Ses problèmes du quotidien ont changé, et ne sont plus ceux de monsieur Toutlemonde.
D'ailleurs, Toutlemonde ne s'y reconnaît plus : « *C'était mieux avant ! Il ose moins aujourd'hui ! On sent que le succès lui est monté à la tête !* »

Il essaie alors de revenir à ses blagues de la première heure, mais celles-ci sonnent faux. Dans une ultime tentative, il fait appel à des auteurs, mais le public sent bien qu'il est à bout de souffle.
Et c'est ainsi que petit à petit, l'humoriste s'estompe du paysage, puis disparaît... pour laisser place à un businessman.

Celui qui avait jadis fait sourire ne sourit plus.
**Il ne reste qu'un clown triste.**

## L'ART DU FADEWAY

La malédiction de l'humoriste peut aussi être celle du plombier, de l'entrepreneur à succès, du startuper, du cadre ou de l'employé.

C'est une **vision apocalyptique** (cf. chapitre suivant) de ce qu'il peut se passer si l'on se repose trop sur ses acquis. De ce fait, elle peut paraître quelque peu exagérée, mais il n'empêche que certains le vivent, ce scénario !

Une fois que l'on est conscient du risque à venir, comment l'éviter ?

## 1. Repère ta force

Quelle est ta spécialité ? Si ton domaine est le piano, es-tu plutôt fait pour jouer, composer ou enseigner ? Si tu veux bosser dans l'événementiel, es-tu plus à l'aise pour l'organisation, la communication ou les relations humaines ?

Chacun d'entre nous possède une force qui lui est propre, et **c'est en "faisant" que tu repères où sont tes facilités.** Si tu as plusieurs points forts (quel talent !), choisis celui que tu aimes le plus pratiquer : c'est lui qui te donnera l'envie de toujours progresser.

De toutes les compétences requises pour créer des vidéos, j'ai très vite compris que ma force – là où j'avais le plus de valeur ajoutée – était l'écriture. D'ailleurs, j'aimais infiniment plus écrire qu'organiser un tournage, réaliser, jouer, monter ou placer des effets spéciaux – même si je dois le faire aussi. J'adore être à la genèse d'une idée et de sa conception : c'est donc cet aspect que j'ai décidé de développer à fond.

## 2. Cultive cette force en la diversifiant

Le souci de notre humoriste, c'est qu'il s'est enfermé dans ce qu'il savait faire. Il n'a pas cherché à élargir sa palette. Les blagues sur les galères du quotidien, c'est efficace, certes. Mais il y a aussi l'humour absurde, l'humour politique, les chroniques sur l'actualité, le mime, la parodie… et pour maîtriser tout ça, il faut charbonner !

**Tenter de nouvelles choses n'est pas facile, car on prend le risque de déplaire et d'être critiqué.** Mais si tu te défiles, il est garanti qu'un jour, tu tourneras en rond.

C'est la raison pour laquelle j'ai toujours essayé de ne pas rester cantonné à un seul format d'écriture. J'ai préféré diversifier les styles : sketchs, courts-métrages, chansons, poésies, mangas, dessins animés… ce livre !
Ce ne furent pas toujours des succès, mais au moins, lorsque j'avais épuisé un format, je ne me retrouvais pas piégé.

### 3. Privilégie les choix de longévité

Quand tu ne sais plus où donner de la tête face aux opportunités qui se présentent : **avant de dire oui, projette-toi dans quelques mois, puis quelques années.**

Il m'est arrivé de refuser des partenariats avec des marques pourtant très bien payés : ils auraient pu entacher mon image à long terme. L'une de mes boussoles a toujours été de préserver la confiance accordée par mon public. C'est ainsi que j'ai pu avancer sans (trop) me tromper.
Un restaurant a beau servir de bons plats, si l'hygiène craint, tu seras réticent à y manger.

**Privilégie autant que possible les décisions qu'à moyen et long terme, tu remercieras.** Ne t'autosabote pas.

## L'OBSTACLE D'APRÈS

Au fond de toi, tu as sans doute déjà l'intuition des obstacles que ton projet (ou ta personne) rencontrera dans 5 ans, dans 10 ans. Et si tu les vois arriver d'ici, c'est qu'il y a de fortes chances qu'ils soient de taille. Tout le challenge, pour toi, est de te préparer à rester dans l'air du temps, quand cet air-là aura changé.

Comment comptes-tu grandir ? Avancer dans ton métier ? Comment te renouvelleras-tu, surtout si les autres commencent à te copier ? Quelles nouvelles compétences insoupçonnées as-tu acquises entre-temps pour continuer à imposer ta loi et non subir ?

**Appuie-toi sur ta singularité : c'est l'occasion de montrer qui tu es vraiment !**

Dans 5 ans, dans 10 ans, tu seras fier du chemin parcouru. Là non plus, ne t'endors pas. Car il y aura les 5 ans, les 10 ans d'après. Et les obstacles qui viennent avec.
Fatiguant ? Ça change de la routine, c'est plutôt stimulant !

**"On n'abandonne pas, on ne se plie pas, on ne s'enfuit pas. On endure et on conquiert."**
Kobe Bryant

J'AI EU L'IMMENSE CHANCE DE RENCONTRER KOBE EN 2017 LORS D'UN ÉVÉNEMENT ORGANISÉ PAR NIKE SUR LES CHAMPS-ÉLYSÉES. MÊME AVEC UNE BOULE DE CRISTAL, ÇA, JE N'AURAIS PAS PU LE PRÉVOIR.

# CHAPITRE 13
# ACTIVE TA VISION D'APOCALYPSE

## ÉCHEC ET MAT : À QUI LA FAUTE ?

J'ai commencé à jouer aux échecs vers l'âge de 11 ans, en m'inscrivant à l'association du collège. J'étais un enfant hyperactif qui peinait à se concentrer, et ce jeu très (trop !) addictif m'a beaucoup aidé à me discipliner.

Aux échecs, **il n'y a pas de hasard :** la moindre erreur, le moindre coup imprécis, et te voici dans une position perdante. Tu te retrouves alors à défendre ta peau pendant des heures en maudissant cette mauvaise décision (parfois, en te demandant : *"Comment ai-je pu être aussi con ?!"*), et en priant pour que ton adversaire fasse lui aussi une bourde.

Parmi les nombreuses leçons de vie que le Noble Jeu comporte (patience, planification, apprentissage de la défaite, remise en question...), l'un des principes fondamentaux que j'ai dû apprendre pour progresser est **l'activation de la vision d'apocalypse.** Quèsako ?

Jeremy Silman, maître international et auteur respecté de nombreux ouvrages échiquéens, l'enseigne ainsi : même quand tu es dans une position totalement gagnante, **continue d'imaginer le pire qui risque de t'arriver,** tout ce que ton adversaire pourrait inventer pour te battre. Cela signifie examiner tous les coups et stratégies adverses possibles, même ceux qui paraissent les plus absurdes ou alambiqués : **si tu sens la moindre once de menace, ne l'ignore surtout pas.**

**EXAMINE TOUS LES PIÈGES POSSIBLES**

Appliquée à la vraie vie, la vision d'apocalypse permet de limiter le nombre de pièges dans lesquels tu vas tomber. **Certains problèmes vont quand même t'échapper, mais rarement les plus évidents.**

## ATTENTION AU PIÈGE DU PIÈGE !

Parfois, c'est à force de se demander s'il n'y a pas quelque chose qui pourrait tout faire foirer que tout foire !
Il arrive qu'un excellent joueur d'échecs, sur une partie qui lui est pourtant très favorable, active sa vision d'apocalypse, vérifie tout, calcule tout et recalcule plusieurs fois… mais doute de son jugement.

> *"Si je mange ce pion, je prends l'avantage, non ?", "Attends, c'est bizarre… mon adversaire est trop fort pour me laisser l'emporter de la sorte", "Ce doit encore être un piège de sa part", "À moins qu'il bluffe ?", "Je ferais mieux de protéger mes arrières avant d'attaquer !"…*

Le marécage dans lequel l'esprit de notre joueur s'enlise le paralyse et le bloque : **au lieu de penser aux solutions, il s'imagine des obstacles fantômes,** veut parer des offensives inoffensives et finit par jouer un coup défensif qui égalise la partie au lieu de prendre l'ascendant.
Parfois, il peut même subir une défaite à cause de ce choix regrettable. Comment ne pas perdre ses moyens ?

## PRATIQUE LA CRAINTE APPROPRIÉE

La crainte n'est pas la peur. La peur est profonde, brutale : elle te fait trembler et te tétanise. La crainte, elle, te laisse le temps de réfléchir et te pousse à prendre des précautions. **Elle est une chance si tu ne la laisses pas, un matin, se transformer en peur.**

**En 2017,** les Golden State Warriors sont l'une des meilleures équipes de basket de tous les temps. En 2016, ils ont remporté 73 de leurs 82 matchs de saison régulière (record historique), et ont en plus réussi à signer Kevin Durant. T'imagines ? Une équipe qui vient d'établir le nouveau record de victoires, et qui récupère en plus un monstre ! Comment pourrait-elle perdre ?

À cette question, pourtant, toute l'équipe répond en chœur : **"Nous devons faire face à chaque adversaire avec le niveau de crainte approprié."**

En NBA, on a affaire à la crème de la crème. Tu dois donc toujours respecter ton adversaire, et le "craindre" sans pour autant en "avoir peur".

***La crainte appropriée t'offre l'épée pour trancher l'apocalypse.***

Même si tu as la meilleure équipe sur le papier, prends le temps d'étudier les systèmes de jeu adverses : quelles tactiques, quelles stratégies adopter ? Bien qu'ayant toutes les qualités pour gagner/réussir/durer, **continue à te préparer au pire pour mettre toutes les chances de ton côté.**

**ATTENTION ! Développer la crainte appropriée ne signifie pas ne plus avoir confiance en soi, mais cette confiance ne doit pas t'aveugler. Ne pars pas trop sûr de toi, mais en même temps, aie confiance dans le travail que tu as fourni.**

## ACUPUNCTURE ET STÉRILETS CHINOIS

Voici une histoire qui allie les notions de volonté d'adaptation et de crainte appropriée, au service de la longévité.
Je ne me réjouis pas vraiment à l'idée de te la raconter car ma mère va prendre la grosse tête, mais comme l'anecdote est pertinente, je n'ai pas le choix…

**1992.** Ma mère, venant d'accoucher d'un garçon qui se révélera être prodigieux (spoiler : **c'est moi !**), ouvrit son cabinet à Paris. Elle était la première médecin d'origine chinoise dans le Marais. Rapidement, des patients chinois qui avaient du mal à s'expliquer en français l'ont consultée. Le premier jour, elle eut trois patients. La deuxième semaine, elle en eut seize. Et trois ans plus tard, la minuscule salle d'attente était pleine à craquer.

**1996.** Après une longue mission en tant que médecin militaire en Bosnie-Herzégovine, mon oncle revint en France, épuisé. Il souhaitait désormais exercer au calme, loin des champs de mines et de l'odeur de la poudre. Ma mère lui proposa de s'installer ensemble dans un cabinet plus grand.

Mon oncle accepta, et ce fut très bénéfique à tous les deux. Cette association a permis de mutualiser les patients. Lorsqu'une personne n'obtenait pas de rendez-vous avec ma mère, elle allait naturellement chez mon oncle, et vice versa.

**2002.** La grande sœur et son cadet ont ainsi fonctionné pendant 5 ans. Mais entre temps, d'autres médecins d'origine chinoise s'étaient installés et maîtrisaient eux aussi la langue. Ma mère, se rendant compte qu'elle avait un peu moins de nouveaux patients qu'auparavant, activa immédiatement sa vision d'apocalypse : *"À ce rythme-là, si ça continue, je finirai ruinée et mes enfants mourront."*
Oui, elle aime bien dramatiser. Mais disons qu'effectivement, si elle ne proposait rien de nouveau, elle aurait certainement eu moins de patientèle durant ses vieux jours.
Et ça, elle ne comptait pas l'entendre !

**2004.** Notre duo infernal déménagea à nouveau. Cette fois, le cabinet proposerait aussi des lits d'acupuncture, mais pas que ! En effet, ma mère comptait profiter de l'été pour acquérir une nouvelle compétence insoupçonnée...

En Chine, les stérilets n'étaient pas les mêmes qu'en France. Comme il y avait encore la loi de l'enfant unique, un stérilet chinois était conçu pour être posé une fois, à vie, quand on décidait de ne plus avoir de gosse. Contrairement au stérilet français où t'as juste à tirer sur la ficelle pour l'enlever, avec celui-là, c'est bien plus dur : si tu fais n'importe quoi, tu repars avec tout l'appareil génital de ta patiente (et un procès au cul) !

Lorsque des femmes chinoises arrivaient en France et qu'elles souhaitaient se faire retirer leur stérilet, elles devaient aller à l'hôpital et subir une anesthésie générale, car personne n'avait le savoir-faire. Ma mère a donc décidé de l'apprendre.

**Été 2004.** Mes parents nous ont foutus, Henry et moi, dans une colonie de vacances en Chine (celle où j'ai découvert le basket). Une fois débarrassée de nous, pendant 8 semaines, ma mère, médecin depuis 12 ans, est redevenue stagiaire. Tous les jours, dans le service de gynécologie d'un hôpital de Beijing, elle a appris, entre autres, la technique pour ôter ces stérilets, puis observé des médecins la pratiquer, et enfin, eu le droit d'essayer. Elle ne voulait pas revenir tant qu'elle n'était pas sûre de pouvoir les retirer seule, dans son cabinet. Pendant qu'avec mon frère, on se cramait le cul.

**Dès son retour à Paris,** ma mère retira les stérilets de trois patientes chinoises, et très vite, elle fut submergée de demandes. Il y avait un réel besoin, alors le bouche-à-oreille fut efficace, si bien que les hôpitaux parisiens l'apprirent. Depuis 2005 et jusqu'à aujourd'hui, lorsqu'une patiente chinoise se rend à l'hôpital pour un retrait de stérilet, les soignants préfèrent l'adresser d'abord à ma mère, plutôt que de devoir l'anesthésier. Cette décision que ma mère a prise d'aller 8 semaines à Beijing a donc clairement été l'un des meilleurs investissements de sa carrière professionnelle.

**2022.** Ma mère a fêté cette année les 30 ans de son installation. Même avec une grande volonté d'adaptation, je pense qu'il est très difficile de durer aussi longtemps sans aimer profondément son métier.
Médecin a toujours été sa vocation : elle sait depuis toute petite qu'elle veut soigner les gens, et c'est la raison pour laquelle elle n'arrive pas à raccrocher. À 63 ans, elle continue d'ouvrir son cabinet tous les matins, et d'aller en formation le soir pour se tenir au courant des derniers traitements…

**Prends ta retraite, Maman.**
**Arrête de bosser bordel, voyage !**

# CHAPITRE 14

# LE SYNDROME DE L'IMPOSTEUR

## « MESDAMES ET MESSIEURS, NOUS TRAVERSONS UNE ZONE DE TURBULENCES. »

**Noël 2018.** Le troisième tome de *Ki & Hi, Les Jeux olympiques*, envahit les pieds de sapins de nombreux lecteurs impatients. En seulement deux ans, la série est devenue le manga français le plus vendu de tous les temps : je suis donc motivé à bloc pour finir le quatrième tome. Il ne nous reste plus qu'un mois et demi, c'est la dernière ligne droite, il faut assurer !

Pourtant, assis dans le cockpit de l'avion, je sens que quelque chose cloche. Le ciel est dégagé, le vent en notre faveur, mais nous n'avançons pas comme nous le souhaitons.
Je me tourne alors vers ma copilote, Fanny. Je la regarde droit dans ses yeux bleus et lui demande si ça va. Elle acquiesce timidement en fuyant mon regard. Bingo : j'avais vu juste.

> *– Bon Fa, qu'est-ce qui se passe, dis-moi ?*
> *– Rien, ça va…*
> *– À d'autres, je vois bien que t'es tracassée.*
> *– Non, non, t'inquiète…*

Je n'insiste pas, ce ne sont peut-être pas mes affaires. Mais depuis quelques semaines, je sens Fanny distraite, moins productive. Les premières versions des planches sont certes belles, mais je connais son talent : je sais qu'elle est loin de son véritable niveau. Mes corrections sont plus nombreuses, car j'essaie d'obtenir le meilleur d'elle. Fa a de plus en plus de mal à tenir les délais et nous prenons du retard. En serrant les dents, nous réussissons tant bien que mal à boucler mi-février.

**Avril 2019.** Le tome 4 démarre en trombe. Les retours du public sont très bons, et le lancement sur la première semaine dépasse même celui du tome 3, preuve que la série ne perd pas de son élan. La maison d'édition est aux anges et nous propose d'organiser une grande soirée pour célébrer cette réussite. Mais dans la cabine, l'humeur n'est pas à la fête.

Nous sommes épuisés. Épuisés de chez épuisés.
Physiquement par le manque de sommeil, mentalement car il ne faut pas tarder à commencer le tome 5.

**Publier un manga était notre rêve,** alors si c'est un succès, que demander de plus ? Pourquoi ça ne va pas ?

Je me tourne à nouveau vers ma partenaire.

*– Fa, tu veux toujours pas me dire ?*
*– Je sais pas…*
*– On n'arrivera pas à faire le tome 5 comme ça.*
*– Bon…*

Elle se redresse, choisit ses mots, puis crache le morceau.

*« En novembre, j'étais en soirée avec des illustrateurs très talentueux. Et quand je vois à quel point ils en bavent pour essayer de vivre du dessin… je me dis que c'est injuste. J'ai l'impression d'avoir juste eu de la chance en t'envoyant un dessin. »*

… Euh… **Bah non.**

## « JE NE L'AI PAS MÉRITÉ »

Sur l'instant, j'ai ressenti énormément d'incompréhension. Je n'étais pas **du tout du tout du tout** d'accord avec elle, et je me suis empressé de le lui faire entendre !

*« C'est faux, je reçois des nouveaux dessins tous les jours, et le tien a été de loin mon préféré ! C'est pour ça que je t'ai proposé de bosser ensemble ! »*

Rien à faire. J'étais loin de me douter que cela faisait plus d'un an que ce genre de pensées lui traversait l'esprit. Et si ces dernières l'affectaient au point d'altérer son envie de dessiner, chose qu'elle aime le plus au monde, c'est que ça devait être plus profond que je ne le pensais.

Fanny m'a avoué ne pas se sentir légitime vis-à-vis d'autres dessinateurs sortant d'écoles d'art et qui ne trouvaient pas de boulot, mais aussi de ses amis qui étaient malheureux dans leur métier. Elle n'osait plus leur parler du sien et se refermait ainsi peu à peu sur elle-même, se demandant si elle méritait vraiment ce succès. Et comme elle n'en faisait part à personne, cela prit de la place dans sa tête. Tellement que certains jours, le simple fait de devoir sortir son carnet de croquis ou d'allumer sa tablette graphique l'angoissait.

> *« C'est un cercle vicieux. Je ne me sens pas à la hauteur, donc je dessine moins bien, et je me sens encore moins à la hauteur… Si je n'arrive même pas à faire le taff de mes rêves, peut-être que je ne suis pas si forte ? »*

J'étais bouche bée. J'avais de la peine pour mon amie qui doutait ainsi d'elle, mais en même temps, elle remontait encore plus dans mon estime.

Pour dessiner une histoire sombre, ce n'est pas très compliqué de se mettre dans le bon état d'esprit : t'écoutes de la musique triste, tu te souviens d'événements moroses… mais il est bien plus dur de dessiner un manga joyeux lorsque l'on va mal.

Pour donner vie à mes personnages très souriants, Fa avait donc essayé de se forcer à ressentir de la joie, et n'en ressortait que plus affectée à chaque fois. Et malgré tout, ce tome 4 existait.

FIN AVRIL 2019, MON FRÈRE, FANNY ET MOI SOMMES EN SUISSE POUR DES SÉANCES DE DÉDICACES. L'OCCASION DE PRENDRE UN GRAND BOL D'AIR FRAIS ET DE RECHARGER NOS BATTERIES.

## AU BON ENDROIT, AU BON MOMENT

**Le syndrome de l'imposteur** est un sentiment de non-légitimité. **C'est l'impression de ne pas mériter ce qui nous arrive de bien dans la vie.**

Si c'est positif, c'est de la chance ou du hasard, et non le fruit de nos efforts. Si c'est négatif, c'est certainement notre faute, parce que l'on n'a pas su être à la hauteur.
C'est une attitude constante de dénigrement de soi et de minimisation de sa réussite, par **peur que les personnes extérieures te voient comme quelqu'un que tu n'es pas.**

D'après des études, 70% de la population en souffrirait au moins une fois dans sa vie. Toi, moi, Fa... nul n'est à l'abri.
C'est le free-lance qui hésite à proposer ses services, quand il a pourtant un bon savoir-faire. C'est le salarié qui n'ose pas demander une augmentation, alors qu'il a réalisé une année exemplaire. C'est le virtuose, jouant comme pas deux, qui n'a jamais franchi le pas de donner un concert en solo.
Ce sont toutes ces personnes qui se demandent : ***"Qui suis-je pour avoir le droit de... ?"***

Certes, se remettre en question est une bonne chose, mais **à trop pratiquer le doute, on s'empêche de s'accomplir,** et ça, c'est un gros problème.

Comment résoudre ce conflit interne ?
C'est comme marcher sur une corde raide : ce n'est pas facile. Je n'ai pas la solution définitive, mais j'ai des pistes. Des pistes qui ont été utiles à Fanny et à d'autres copains.

## Piste 1 : Ta "chance" est rarement que du hasard

Je ne t'apprends rien : pour gagner au loto, il faut d'abord s'être levé de son lit pour acheter le ticket.

Bon, j'avoue, si un gars gagne au loto et vient ensuite m'expliquer à quel point c'était dur de quitter son pieu, j'vais lui en coller une !
Mais tu comprends l'idée.
Quand on souffre de ce syndrome de l'imposteur, on voit les fleurs dans son jardin… mais on oublie souvent qu'on a planté les graines.

COMMENCE PAR PLANTER LES GRAINES

Avant de m'envoyer son mail, Fanny a dessiné tous les jours pendant 12 ans. Elle postait régulièrement des illustrations et des petites BD sur un blog, et était suivie par 3 000 personnes ! Pour combler ses lacunes, elle prenait des cours de dessin d'objets, car c'était là qu'elle péchait. Et tout ça, Fa l'a fait pour elle-même, bien avant qu'il soit question d'éditer un manga.

Avant qu'une fantastique opportunité ne vienne frapper à ta porte, **tu as parcouru un chemin que tu ne dois pas minimiser**. Pour t'en souvenir, consulte à nouveau la fiche "Qui tu es ?" que tu as remplie au début du livre, et note, s'il le faut, toutes les étapes qui ont jalonné ton parcours et t'ont mené là où tu en es aujourd'hui.

Penses-tu toujours que ta "chance" n'est que de la chance ?
Et si c'est oui, crois-tu être le seul ?

### Piste 2 : On s'est tous déjà retrouvé au bon endroit, au bon moment

L'histoire de notre manga, ça marche dans les deux sens. J'ai également eu de mon côté énormément de chance que Fanny m'envoie ce dessin pile au moment où j'en avais besoin. Beaucoup auraient rêvé de travailler avec une dessinatrice aussi douée et travailleuse, mais c'est tombé sur moi. Me suis-je dit que je ne l'avais pas méritée ?

Non, pour une simple raison : **c'est le game !**

La chance, ça arrive tout le temps, à tout un tas de gens, et bien plus souvent qu'on ne le pense.

- Le jour du concours, en lisant le sujet, tu te rends compte que tu as déjà fait exactement le même exercice en cours.

- Alors que tu glandais un soir sur internet, tu tombes sur un article t'expliquant ce qu'est le bitcoin quand il ne valait que quelques centimes, et tu achètes.

- Tu manques le train et dans le suivant, tu discutes avec le mec assis à côté de toi, vous échangez vos cartes de visite et allez finir par conclure une affaire ensemble.

**On a tous déjà eu de la chance, et pas qu'une fois !**

Je suis né dans un bon endroit, la France, et dans un bon moment, celui de l'émergence d'internet. C'est en soi déjà trois chances inouïes, si l'on y ajoute le miracle de la vie.

Je peux remercier le hasard, ma bonne étoile, le ciel, le cosmos, exprimer ma gratitude… mais d'ici à dire que tout ce qui m'arrive en bien est uniquement le fruit de la chance, là je ne suis pas d'accord. Loin de là. Hors de question !

***La chance, c'est lorsque la préparation rencontre l'opportunité. Ce qui compte, c'est ce que tu as fait une fois que cette dernière s'est présentée à toi.***

**Piste 3 : As-tu su saisir cette opportunité ?**

Un truc imprévu te tombe dessus (l'exercice que tu connais, le bitcoin que tu ne connais pas, le voisin bavard dans le train…). **À toi maintenant de retourner cette situation en ta faveur.**
Cet exercice, rappelle-toi la correction, ne te trompe pas en rédigeant, et n'oublie pas qu'il te reste encore les autres épreuves. Ton voisin dans le train ? Si tu sens qu'il y a une affinité, parle-lui au lieu de faire la gueule, et essaie de garder contact. Ensuite, injecte petit à petit ta patte, utilise ta singularité et **deviens irremplaçable.**

Fanny avait fait le choix de se dépasser, et chaque tome était meilleur que le précédent. Elle ne s'est pas contentée de sa "chance", elle a bossé, bossé, bossé pour peaufiner ces 6 tomes. Suite à cela, des sociétés de production ainsi que des chanteurs l'ont repérée et lui ont à leur tour commandé des dessins. Il lui a fallu ça, du temps, ainsi que le fait d'en parler autour d'elle pour qu'elle se sente rassurée et surmonte enfin son syndrome de l'imposteur.

**30 – JOYEUX ANNIVERSAIRE**

L'ILLUSTRATION SURPRISE QUE FA A RÉALISÉE POUR MES 30 ANS.
JE SUIS AU MILIEU DE MES PERSONNAGES PRÉFÉRÉS.
QUEL CADEAU SUPER TOUCHANT !

Et pendant qu'elle, toi, moi, nous nous torturons l'esprit, il faut bien se dire une chose : **le véritable imposteur, lui, vit sa meilleure vie, cet enfoiré !**

Il ne se pose pas la question de sa légitimité ou non, puisqu'à ses yeux**, n'avoir aucun talent et réussir à faire croire que l'on en a un quand même, c'est un talent !**

**Et il en est fier !**

# CHAPITRE 15

# UN ESPRIT SAIN DANS UN CORPS SAIN

Si tu as lu ce livre jusqu'ici, tu l'auras compris.
Pour mener un projet à bien et le tenir sur la durée, il te faut de la détermination, beaucoup de réflexion et de l'énergie. On n'a pas toujours le contrôle sur sa santé, mais on peut agir pour l'améliorer et l'optimiser.

Quand tu as 20 ans, tu peux dormir peu et péter la forme, te gaver de junk food sans stocker, étudier du matin au soir sans décrocher, et négliger ton bien-être en pensant que ce n'est pas important : je l'ai fait aussi.

Le problème, c'est que le temps file. À 25 ans, après une nuit blanche, ça commence à piquer ! Et, depuis que j'ai franchi le palier des 30 ans, je t'avoue que si je ne dors pas minimum trois heures par nuit (ne prends pas exemple sur moi : je suis un petit dormeur), je ne marche plus droit.

Moins tu prends les bonnes habitudes jeune, plus il est difficile de les acquérir plus tard.
Voici donc un chapitre de daron : si tu viens d'avoir la vingtaine, tu l'ignoreras probablement. Mais un jour, tu viendras le relire en te disant que, peut-être,

**Papy Kevin avait raison.**

## ON EST CE QU'ON MANGE !

Dire que mon éducation alimentaire fut catastrophique serait te mentir, car cela supposerait que j'en ai reçu une. Enfant, comme mes parents étaient rarement à la maison, c'est une nourrice, originaire du Shandong, qui me faisait à manger. **Et la bouffe chinoise... c'est pas connu pour être diététique !**

Je pouvais me resservir autant de portions que je voulais, et je n'avais aucune restriction sur les sodas. Chaque après-midi, en rentrant de l'école, j'utilisais même mon argent de poche pour acheter des bonbons.

JE NE SAVAIS PAS ME CONTRÔLER

Adolescent, je ne voulais pas perdre de temps à faire la queue pour la cantine (que je trouvais dégueulasse), car l'heure du midi était précieuse pour jouer au basket. Je réussis donc à entourlouper ma mère : *Maman, à la cafét' du lycée, ils font des paninis en deux secondes. Si tu me donnes de l'argent, ça me laissera plus de temps pour réviser !*

Je ne sais pas comment elle a pu y croire, mais elle y a cru. Et tous les midis, j'ingurgitais rapidement deux paninis et une canette, puis j'allais shooter.

Comme je faisais beaucoup de sport, et qu'à cet âge-là, ton métabolisme brûle tout, **je ne réalisais pas encore les conséquences néfastes de mon alimentation.**

Mon meilleur ami essayait de me prévenir :

> *- Là, tu ne grossis pas parce que t'es jeune. Mais si tu continues, plus tard, tu prendras beaucoup de poids d'un coup ! C'est ce qui est arrivé à mon cousin !*
> *- Ouais ouais, c'est ça, t'as juste la haine parce que t'as mangé à la cantine ! :p*

Et une fois adulte, ça n'a pas manqué.
Incapable de cuisiner (et ayant franchement la flemme d'apprendre), je n'ai fait que commander, pendant des années, de la malbouffe sur les applications.
Grec à midi, burger le soir, un p'tit tacos en dessert... bref, j'ai fait n'importe quoi. Et mon corps me l'a fait comprendre.

SEPTEMBRE 2015, 80 KILOS

SEPTEMBRE 2019, 120 KILOS

**En 2016, à 24 ans, j'ai pris 30 kilos en seulement 10 mois ! Dix petits mois !**

Pour t'expliquer un peu plus le contexte, c'était une année aussi charnière que stressante pour moi : je devais à la fois finir mon école d'ingé, tenir deux chaînes YouTube en même temps et écrire mon premier manga.

Voulant tout bien faire, je ressentais beaucoup de pression et compensais en engloutissant d'énormes quantités de nourriture. En plus de ça, comme mon genou avait rechuté, je fus opéré du ménisque et ne pouvais plus jouer au basket, ce qui me rendit encore plus sédentaire.

Cette prise de poids excessive en seulement quelques mois, il m'a fallu plus de 4 ans pour m'en remettre.
**Je ne trouvais tout simplement pas la volonté !**

Souvent, les deux arguments avancés pour motiver les personnes en surpoids à maigrir sont la santé et l'esthétisme. Mais aucun des deux ne prenait avec moi :

> 1. **"Ma santé, ça ne regarde que moi !"**
Tel un fumeur à qui l'on conseille d'arrêter pour ne pas risquer un cancer du poumon, et qui te répond en rigolant : "Il faut bien mourir de quelque chose !", j'entendais sans écouter.

> 2. **"Je suis auteur, pas mannequin !"**
Les gens sont censés m'apprécier pour mes textes, et pas mon apparence physique, non ? S'ils aiment moins mes œuvres car je suis trop gros à leurs yeux, alors c'est que c'est eux, le problème !

J'avais toujours une bonne raison, mais au fond de moi, je me sentais - je te l'avoue - assez mal.

Je ne pouvais plus me mouvoir au basket comme je le souhaitais. En vacances, avec les potes, lorsqu'il fallait grimper au sommet de quelque chose, j'étais toujours à la traîne. Je respirais de plus en plus fort et j'ai commencé à faire de l'apnée du sommeil : même lorsque je dormais beaucoup, je me réveillais fatigué.
Du coup, j'écourtais le plus possible mes conversations, car **réfléchir ou débattre m'épuisait davantage.**

Frustré par la situation, et stressé par la surcharge de travail, je me gavais encore plus, pour me réconforter. Et après chaque repas, je me sentais coupable. Je regrettais et me disais que je ne recommencerais plus. Mais comme je n'avais pas de réel objectif pour me discipliner, à chaque fois, je re-sombrais.

Mon mal-être augmentait, les milliers de commentaires moqueurs sur les réseaux m'affectaient, mes prises de sang empiraient, et moi, comme d'hab, je m'empiffrais.

**Comment ai-je brisé cette boucle infernale ?**

## LA REMONTADA

Pour être franc, le déclic n'est pas tout à fait venu de moi. C'est un élément déclencheur extérieur qui m'a, en quelque sorte, "obligé" à maigrir. Je t'explique.

À l'époque, en 2019, comme je n'étais prêt à écouter personne et que je ne vivais que pour ma chaîne YouTube, la seule chose qui aurait pu me motiver à perdre du poids... c'était une vidéo !

Seul un projet d'une grande envergure, qui me challengerait artistiquement et qui exigerait que je sois mince, m'aurait "forcé" à manger mieux et à me remettre au sport.

Et ça tombe bien, car en Janvier 2020, on m'en propose un, de tel projet !
Une marque de jeux (encore une !) me contacte : ils sortent pour Noël un jeu de plateau autour d'un manga très populaire, du même calibre que Dragon Ball.

IL ME FALLAIT UN DÉCLIC POUR Y ALLER

Cette marque désire, pour la promotion du jeu, que je réalise un clip de musique (encore un !) sur la licence en question. Cette fois-ci, le tournage aurait lieu au Japon, pendant une semaine, en octobre ! Sentant qu'il y a vraiment une magnifique vidéo à faire, j'accepte immédiatement.

Sauf que le problème... c'est que dans ce fameux manga, **tous les héros sont TRÈS TRÈS TRÈS musclés !**
Et celui que je voulais jouer est sans doute le plus musclé de tous !! Je devais utiliser précieusement les 9 prochains mois...

Je pris la décision de faire appel à un coach sportif et à une cheffe, afin d'être prêt le jour du tournage.
Mon coach m'envoyait chaque lundi les exercices que je devais effectuer, ainsi que la liste des plats (sains) à manger, et des ingrédients à peser. Et ma cheffe faisait les courses, cuisinait et me livrait deux fois par semaine.

Cela avait un coût mais ça marchait, et puis c'était toujours moins cher que quand je commandais tous les jours.

JANVIER 2021, RETOUR À 80 KILOS

9 mois plus tard, la suite, tu la connais. Le virus, le confinement, les frontières du Japon restées fermées...
Le jeu de société a fini par sortir sans aucune publicité, et le budget s'est volatilisé. J'ai bossé presque un an pour rien.

**Enfin... pas tout à fait !**

Déjà, j'avais perdu 40 kilos en une année, ce qui est quand même un grand soulagement, aussi bien pour les articulations que pour le mental. J'ai réussi à tenir ce régime car je n'avais pas le choix : c'était absolument nécessaire si je voulais une superbe vidéo !

Mais surtout, à travers cette discipline, je me suis découvert une raison durable de ne plus me laisser aller, ou du moins, pas autant qu'avant. Quelque chose à quoi, désormais, je savais que j'allais pouvoir m'accrocher pour le reste de ma vie.

**Laisse-moi le partager avec toi.**

## LE POUVOIR DU CERVEAU

En mangeant mieux, je me suis réconcilié avec un sentiment que je ne connaissais plus depuis 5 ans : celui d'avoir un cerveau qui carbure.

En surpoids, je bégayais, j'avais du mal à trouver les mots, et quand on me posait une question, je prenais 1 000 ans pour construire ma pensée et formuler une réponse.
Souvent, en plein milieu d'une discussion, je déconnectais. Mon encéphale s'essoufflait encore plus rapidement que mon corps.

Et voici que soudain, **je réfléchissais beaucoup plus vite !** Tout à coup, les idées fusaient, les arguments abondaient, et si mon interlocuteur racontait n'importe quoi, je m'empressais de lui démontrer par A + B sa stupidité !

Toute l'énergie que mon corps gaspillait, jadis, à digérer des pizzatacos (oui, ça existe), pouvait désormais être redistribuée vers mes méninges.

Choqué par ce changement radical, je commence à m'informer. Je lis des articles scientifiques, regarde des documentaires, et m'intéresse à l'influence de la nourriture sur la matière grise. Et j'apprends des choses que l'on ne m'a jamais enseignées, ni à l'école, ni à la maison.

J'arrive à la conclusion qu'avant même les arguments de santé ou d'esthétisme, **c'est de performance du cerveau dont on devrait parler en premier.**

***Quand tous les jours, tu manges mal, tu deviens tout simplement plus bête !***

Attention, je ne veux pas dire par là qu'on devient plus bête que la personne à côté de soi, ou que quelqu'un qui mange mieux que nous. **Mais on est plus bête que la meilleure version de soi-même**. Plus con que si on mangeait sainement, car alors, le caillou ne fonctionne plus à son max.

Lorsque j'ai réalisé cela, j'ai su que je ne retomberais plus dans l'excès.
Tu peux négliger ton apparence, en te disant que ça ne concerne que toi. Tu peux même négliger ta santé, bien qu'un jour tu le regretteras. Mais je ne connais pas une seule personne qui agisse dans le but de devenir plus bête.

Moi, c'est pour mieux écrire que j'ai mieux mangé : il était trop dommage de me ralentir. Bon, de temps en temps, il m'arrive encore de bouffer de manière suspecte... mais ça reste de temps en temps !
Manger sainement ne signifie pas manger ennuyeux. Tu peux varier les plaisirs !

# LES V COMMANDEMENTS

Le titre du chapitre renvoie profondément à la **notion d'équilibre.** Bien manger est l'un des piliers, mais il y en a d'autres. Ne tire pas trop sur la corde.

## I. LE SPORT, TU PRATIQUERAS !

Tu le sais sans doute déjà, l'activité physique stimule la production d'au moins deux molécules indispensables dans le cerveau :

- Le BDNF, qui favorise la croissance et la survie des neurones.
- La dopamine, l'hormone du bonheur, qui fait du bien au moral.

C'est grâce à cette dernière qu'après ta séance de cardio ou de muscu, tu es sur un petit nuage.
Si tu n'aimes pas aller à la salle (c'est mon cas), choisis une activité à faire avec tes potes : basket, foot, escalade, badminton... au moins, tu t'amuses ! Et si vraiment, le sport, c'est pas pour toi : marche ! Va te promener, flâne, profite du charme de ta ville... **le tout, c'est de rester actif !**

***Sport et nutrition sont intimement liés : quand t'as bien souffert et transpiré, t'évites de tout gâcher avec un burger !***

## II. LA NUIT TOMBÉE, TU RONFLERAS !

Nous ne sommes pas tous égaux face au sommeil.
Je n'ai pas besoin de pioncer longtemps pour être en forme, mais ces quelques heures, il me les faut quand même !
Certains ont besoin de dormir beaucoup, d'autres moins, et rien ne sert de se comparer.
N'oublie pas que le sommeil, en plus d'être régénérateur, est aussi très bénéfique pour ta mémoire !

## III. DE LECTURE, TU TE NOURRIRAS !

Je suis un grand amoureux de lecture, et je tiens à te remercier de lire ce bouquin dans sa version papier ou numérique.
Je trouve que l'on comprend et retient tout simplement plus de choses ainsi, plutôt qu'en écoutant une conférence sur le même sujet. Il y a ce je-ne-sais-quoi qui se passe lorsque l'on tourne les pages d'un livre qui nous intéresse, comme si l'encre ou les mots nous imprégnaient plus facilement.
Parfois, quand je trouve un livre brillant, je prends même des notes dans un carnet. Je fais ensuite semblant d'être cultivé en soirée !

## IV. UN GRAND SAGE, TU DEVIENDRAS !

Contrairement à ce que l'on pourrait penser, en réalité, **la méditation est un gain de temps !**
Surtout lorsque je sais que j'ai une journée affolante qui m'attend.

Prendre 10 minutes le matin, fermer les yeux, respirer profondément et passer un moment avec soi-même permet de mieux s'ancrer dans le présent. Je me sens alors en contrôle, et dans le bon état d'esprit pour relever les défis qui m'attendent, avec calme et sérénité.
Essaie, ce n'est pas compliqué : tu peux méditer assis contre un mur, ou allongé... mais attention à ne pas te rendormir !

## V. TON CORPS, TU ÉCOUTERAS !

Le 8 novembre de chaque année, je ne fais rien.
C'est inscrit dans mon ADN, et c'est inchangeable. Je ne réponds pas aux appels, ni aux mails, et n'accepte aucun rendez-vous. Je suis en congé avec moi-même, car je célèbre, comme il se doit, ce jour béni où je suis venu au monde.

Plus précisément : je fais ce que je veux.
Si j'ai envie de sortir me balader, ou de rester allongé toute la journée, de regarder l'intégrale d'une série, ou de commencer à écrire "Trêve de mondanités", je le fais. Pour moi. Pour mon plaisir personnel.
Et souvent, à l'approche de cette date, je regorge d'énergie, car je sais que je vais bientôt m'autochoyer.

**Offre-toi des pauses, elles sont indispensables.**
Bloque ces journées à l'avance dans ton emploi du temps, et respecte-les au mieux. C'est un bol d'air frais qui te fera le plus grand bien.

Les anciennes générations abordaient peu les sujets de santé mentale : burn out, bore out, dépression, crises d'angoisse... nous sommes aujourd'hui beaucoup mieux renseignés.

Grâce aux témoignages de nombreux athlètes, acteurs, chanteurs, et autres personnalités, on sait désormais que ce n'est pas parce que l'on est adulé et riche que le bien-être intérieur coule de source. Chacun d'entre nous peut traverser ces épreuves.
Si tu sens que tu es à bout, n'attends pas pour consulter : **il n'y a absolument aucune honte à cela.**

Souffler un peu permet aussi de prendre du recul.
Parfois, je discute avec mon père d'un sujet anodin, j'observe une affiche étonnante dans la rue… et je me sens mieux. Je réalise que mes problèmes n'en sont peut-être pas.
De temps en temps, même, une inspiration me vient.

Si tu es toujours dans l'action, et que tu ne vis pas ces petits moments de détente, tu peux passer à côté d'idées formidables. Des idées que, peu importe le nombre d'heures assis devant ton bureau, tu ne peux te forcer à trouver.

Ce livre, par exemple, je ne l'ai pas écrit tous les jours. J'y ai certes réfléchi quotidiennement, mais parfois, certains chapitres étaient plus durs à clore que d'autres.
Et quand ça bloquait, plutôt que de forcer les choses, je préférais laisser reposer quelque temps, afin de mieux m'y remettre plus tard.

**Un livre, ça vit…**
**et c'est lui qui finit par te dicter les mots.**

# CHAPITRE 16

# ET SI ÇA FOIRE ?

Tu as tout donné pendant des années, mais ça n'a pas marché. Tu es contraint d'abandonner ton projet, d'oublier ton idée, de ranger tes ambitions ou de mettre la clef sous la porte. Tu regardes la réalité en face : **c'est fini.**
Que se passe-t-il alors ? C'est quoi la suite ?
Eh bien... **le lendemain, tu te réveilles quand même.**

## L'ESPÉRANCE DE VIE

Un après-midi, en octobre 2015, au début de ma spécialisation Entrepreneuriat, le prof nous fait monter à tour de rôle au tableau pour un lynchage collectif.

L'exercice est simple : chaque élève doit présenter son projet devant la classe et **faire face à toutes les critiques possibles** de la part des autres étudiants. Le but est de nous forcer à défendre nos idées jusqu'au bout, et en cas d'échec, de se rendre compte des failles qui existent.

Arrive mon tour. Je monte sur l'estrade et parle de ma chaîne YouTube créée il y a 3 ans, ainsi que de mon futur manga. Une fois la présentation finie, je me prépare à la guerre.

Les attaques fusent : j'argumente, je pare, je prouve, je rétorque... je me bats comme un lion ! Hors de question de me faire coincer ! Un élève au fond de la salle se lève et me demande :

> *- Combien de temps penses-tu que ça va marcher encore, YouTube ?*
> *- J'aimerais continuer à faire des vidéos pendant au moins 5 ans.*

À ma grande surprise, un brouhaha général envahit la pièce. Chacun y va de son avis, même le professeur !

CINQ ANS ?! MAIS TU RÊVES !

YOUTUBER, C'EST ÉPHÉMÈRE !

C'EST UN PHÉNOMÈNE DE MODE, ÇA VA VITE S'ESSOUFFLER !

ET SI LE SITE FERME ? T'AURAS L'AIR BIEN BÊTE !

TU FERAS QUOI, QUAND PLUS PERSONNE NE TE REGARDERA ?

Ne m'attendant pas à ces invectives, je suis pris au dépourvu. J'essaie d'expliquer tant bien que mal que le divertissement sur Internet prend de plus en plus de place, que la jeunesse regarde désormais plus YouTube que la télévision et que ce n'est pas près de s'inverser.

Rien n'y fait : **je ne suis pas assez convaincant.**

Je retourne donc à ma place, irrité, et j'écoute à peine l'exposé de l'élève suivant.

## LE PLAN B

Le soir même, mes trois colocataires m'interdisent de sortir de ma chambre car elles organisent une pyjama party entre filles dans le salon. Coincé seul dans ma piaule tel un enfant puni, je rumine et repense à l'exercice du jour.

**J'essaie de comprendre pourquoi les arguments m'ont manqué.** Je m'en étais bien sorti tout du long mais j'ai trébuché à la fin.

Et si, en effet, YouTube n'était que de passage ? Si la plateforme n'existait plus demain, que ferais-je ? Si un jour, malgré tous mes efforts, le public ne souhaitait plus regarder mes vidéos, **quel serait mon plan B ?** Devrais-je réellement changer de trajectoire et devenir ingénieur ?
Y'a pire, c'est sûr... mais j'adore tant créer des vidéos ! J'ai appris tellement de trucs depuis 3 ans, ce serait vraiment dommage de... attends... appris ?... **Mais OUI !**

Je viens d'avoir un déclic.

**Le verbe "apprendre" !** C'est **ÇA,** la clé !

***Si tu as bossé, tu as appris des choses. Liste-les !***
***Elles vont te servir soit tout de suite, soit plus tard, et peut-être différemment.***

Depuis 2012, j'ai appris à écrire, organiser des tournages, m'adresser à une audience, monter des vidéos, gérer des réseaux sociaux, concevoir de nouveaux formats…
**Toute cette expérience, je peux la réutiliser !**

Si demain, ça ne marche plus pour moi, je peux conseiller d'autres créateurs, devenir ghostwriter ou proposer ma créativité à des agences et boîtes de production ayant bien besoin de profils polyvalents.

Et si je veux continuer à bosser pour moi, m'associer à un projet déjà existant ou me lancer dans une nouvelle aventure sur le web, j'ai déjà une idée précise des erreurs à ne surtout pas commettre et des détails essentiels auxquels il faut faire attention. **C'est loin d'être fini, en fait !**

## L'IDÉE LA PLUS DÉBILE DU MONDE

Tu as lancé ta petite boutique de cookies, mais pour X raisons (gestion moyenne, mauvais emplacement, cyclone...), tu dois déposer le bilan et tu n'as plus un sou. Pendant plusieurs années, tu lui as tout sacrifié. Et maintenant ?

Énumérons. Tu sais désormais prendre soin d'une clientèle, discuter avec des fournisseurs, inventer des recettes, concevoir un packaging, gérer un petit groupe... c'est tout un savoir-faire cookiesque que tu as emmagasiné !
**Tu ne me feras pas croire qu'il n'y a pas une suite ?!**
Peut-être que ce ne sera pas des cookies, mais des trottinettes. Peut-être que tu ne seras pas le big boss mais un pilier de l'équipe (grâce à tout ce que tu as appris).

Tu vois, cette idée terrifiante comme quoi : "Si tu lances un projet et qu'il rate, il n'y a plus rien pour toi derrière"...
**C'est le plus grand mythe de tous les temps !**

Elle est perpétuée par les Jean-Pipo qui veulent se faire passer pour plus courageux qu'ils ne le sont. Ne les laisse pas te faire croire qu'après une chute, on ne se relève pas.
Tant que tu es résilient et travailleur, et que tu acceptes d'apprendre de tes erreurs, tu seras sur le bon chemin.

Oui, c'est chiant de rater. **Tu te sens mal et c'est naturel.**
Ne refoule pas ces émotions mais n'exagère pas non plus. Les ragots et les critiques peuvent te toucher, mais au fond, les gens s'en fichent. Et dans un mois, ils auront oublié.

**Si tu as vraiment tout donné,
il y a peu de regrets à avoir.**

> ***Ta vision de l'échec est sans doute plus sévère que l'échec en lui-même.***
> ***C'est une affaire entre toi et toi-même.***

**Fais attention.** Comme tu le verras dans le prochain chapitre, trop d'ego et d'élitisme peuvent aussi te mener à ta perte.
Je sais de quoi je parle.

## RIEN N'EST ÉTERNEL

Pendant 8 ans, jour après jour, j'avais construit Le Rire Jaune dans un but bien précis que je t'ai détaillé.
Un beau matin, en me réveillant, j'ai réalisé que **ce but n'avait plus aucun sens.** Étonnant, non ? Je te raconte.

**Souviens-toi : en 2018,** la comédie romantique ***Crazy Rich Asians*** se propulse en tête du box-office. Quelques mois plus tard, en février 2019, le court-métrage ***Bao*** de l'incroyable Domee Shi décroche un Oscar. La même année sort le chef-d'œuvre sud-coréen ***Parasite*** qui remporte tous les lauriers, dont quatre statuettes dorées en 2020. L'actrice **Nora Lum** (*L'Adieu*, 2019) est récompensée d'un Golden Globe, et **Chloé Zhao** (*Nomadland*, 2020) devient la deuxième femme de l'histoire à obtenir l'Oscar de la meilleure réalisatrice pour un long-métrage. En 2021, Disney dévoile ***Raya et le dernier dragon***, Marvel libère la bête ***Shang-Chi***, et Netflix clôture l'exercice par le raz de marée Séoulite ***Squid Game***.

Soudain, le monde entier, pas que la France, réalise que les artistes d'origine asiatique sont capables de réussir dans le divertissement grand public aussi bien que n'importe qui. Enfin ! **Des décennies qu'on le clamait haut et fort !**
J'avais hâte de voir quels autres projets futurs naîtraient de cette dynamique nouvelle.

**Mais.** Car il y a un mais. Cette avalanche de succès à travers la planète m'a amené à m'interroger.

**Pour se tourner vers l'avenir,
il faut parfois être cruellement honnête
envers soi-même dans le présent.**

Prouver qu'il était possible de faire rire sans accent, sans surjouer des clichés ni s'autodénigrer regorgeait de sens entre 2012 et 2020.
Une génération entière ayant grandi en nous regardant, mon frère et moi, avait désormais reçu le message.
**Était-il encore nécessaire d'insister ?**

Toutes les bonnes choses ont une fin, et après beaucoup d'introspection, je suis arrivé à la conclusion que **Le Rire Jaune, même s'il était encore l'une des plus grandes chaînes françaises sur YouTube, avait fait son temps.**

Si je continuais à le presser, il aurait fini rincé.

***Un projet qui n'a plus lieu d'être, c'est comme un savon mouillé. Plus tu le serres entre tes mains, plus il te glissera des doigts.***

Le moment était venu pour moi de passer à autre chose.
J'ai regardé Le Rire Jaune droit dans les yeux et je lui ai dit : *"Mon pote, on a fait un bon chemin ensemble, mais maintenant, il est temps de se séparer."*
Je l'ai laissé s'envoler et j'ai pris un virage à 180 degrés.

## LA PETITE VOIX DANS LA TÊTE

**En 2012,** dans une vidéo nommée "Présentation", j'avais déclaré que je souhaitais faire des sketchs en français, et de temps en temps, en anglais.
C'était une idée qui me trottait dans la tête : **je voulais que mes créations puissent être comprises dans le monde entier.**
Sauf que je n'avais jamais vraiment osé sauter le pas : je craignais de ne pas écrire le Shakespeare aussi bien que le Molière, et que le public aime moins ou se moque.

Avec les années, cette envie prenait de plus en plus d'ampleur en moi mais je ne trouvais pas encore la bonne approche. En effet, je voulais pouvoir créer des vidéos en anglais sans que mes abonnés francophones ne soient perdus.
Il me manquait le bon format, la porte d'entrée… et en 2020, en écoutant une petite voix dans ma tête, je l'ai déniché.

UNE HISTOIRE DE FABLES, 2017

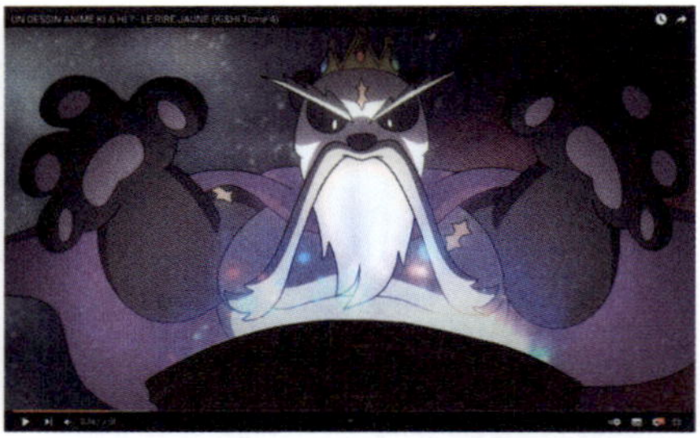

SI KI & HI ÉTAIT UN DESSIN ANIMÉ ?, 2019

**Depuis 2017,** j'avais posté plusieurs vidéos contenant de l'animation. **Même si c'était beaucoup de travail, j'adorais le processus.**
L'avantage du dessin animé, c'est que même si tu piges pas la langue, tu as le mouvement des personnages et leurs expressions qui sont explicites : tu peux comprendre.
Je me suis donc dit que c'est par là que j'allais commencer !

La petite voix s'égosillait depuis des années : enfin, je me décidais à l'écouter.

Et **le 28 mars 2021,** je lançais ma première mini-série animée – une trilogie en anglais – sur ma chaîne YouTube, désormais renommée **Kevin Tran 陈科伟.**

## ÇA VEUT DIRE QUOI, "ÉCHOUER" ?

Afin de mener mon idée à bien, il a fallu que j'arrête les vidéos en français pour une durée indéterminée.
Je n'avais tout simplement plus le temps de rien : apprendre à bien écrire en anglais et à produire des dessins animés a occupé toutes mes journées à partir de février 2020, pendant deux ans.

Financièrement, ce n'était pas du tout le choix le plus intelligent. Avec le changement de langue, l'audience avait beaucoup baissé et la production des vidéos coûtait 10 fois plus cher. J'entendais certains collègues YouTubers chuchoter entre eux que je fonçais droit dans le mur.

Pour eux, j'étais en train d'échouer.
**Alors qu'en fait, j'étais en train de rebondir.**

***Ce n'est pas parce que ça marche qu'il ne faut rien changer.***

Tourner en rond, répéter les mêmes formats, prendre son public pour acquis… **pour moi, c'est ça, l'échec.**

On peut me critiquer sur la manière que j'ai choisie pour me renouveler, mais au fond, je savais que je finirais par trouver une solution qui satisferait le plus grand monde.

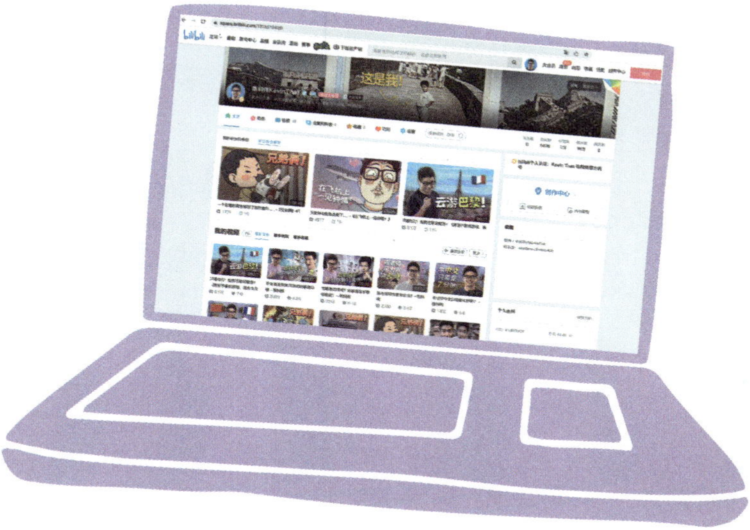


De fil en aiguille, une initiative en entraînant une autre, j'ai commencé à recevoir des messages d'abonnés chinois qui regardaient mes vidéos en anglais.
Ils m'ont parlé de Bilibili, la plus grande plateforme de vidéos en Chine, que je ne connaissais pas.

**Et hop, le 2/2/22,** j'ai lancé une autre chaîne, en chinois cette fois. Je n'y aurais jamais pensé, sans ces messages.
Ça résonne à nouveau avec ce dont je t'ai parlé dans la religion de l'exécution : **si tu ne fais pas, tu passes surtout à côté de ce que tu ne vois pas.**

Si je ne m'étais pas mis au défi de grandir, **si j'étais resté accroché à mon gros savon, j'aurais fini par échouer.**

J'ai tangué, c'est vrai, mais je me suis relevé. Aujourd'hui, écrire en anglais et produire des dessins animés ne m'effraie plus. J'ai libéré de nouveau du temps pour des vidéos en français, et j'ai désormais 3 chaînes dans 3 langues différentes.

**Et si ça avait foiré ?** Il y aurait eu demain. Et après-demain.

# CHAPITRE 17

# LA VIE PEUT BIFURQUER TRÈS VITE

Quand tu es jeune, tu fais parfois des conneries sans saisir pleinement les répercussions possibles.

Tes parents, tes proches, d'autres adultes qui ont l'expérience des années et même des amis de ton âge tentent de te raisonner mais tu ne les écoutes pas.
L'iceberg est droit devant, et au lieu de changer de cap, tu penses que des ailes vont pousser à ton bateau.

Une connerie en entraînant une autre, puis une autre, puis une autre, **très vite, ta vie bifurque.**
À une époque, je l'ai appris amèrement à mes dépens.

Comme nous nous approchons de la fin de ce livre, je me permettrai ici un chapitre encore plus personnel, en te ramenant à mon adolescence. Un âge durant lequel tu te construis vite, mais où tu peux te détruire tout aussi rapidement.

Tu cherches alors un fautif, car il faut apporter du sens à ce chaos. Parfois, ce sont les autres, mais c'est rare.

**La plupart du temps, ne cherche pas plus loin que dans ton miroir.**

## "LA FINE FLEUR DE LA FRANCE"

**Septembre 2006.** À 14 ans, je suis accepté en seconde au lycée Louis-le-Grand, réputé être le meilleur de France. C'est ce que mes parents voulaient : ils sont aux anges !

En cours, quand je tourne la tête, j'aperçois Bill qui a sauté deux classes. Plus tard, il intégrera l'École normale supérieure, deviendra physicien et remportera de nombreux concours d'éloquence, y compris Le « Grand Oral » de France 2.
À la cantine, j'entends à la table d'à côté David expliquer aux autres élèves ce qu'est le bouclier fiscal à 50 % que souhaite mettre en place Nicolas Sarkozy, alors candidat à la présidentielle. Il sera lauréat aux concours généraux d'histoire et de français, puis pilotera, 10 ans plus tard, les deux campagnes d'Emmanuel Macron.
Mon binôme, Ruben, n'a pas besoin de réviser le soir car tout ce qu'un prof dit, il l'intègre immédiatement. Il obtiendra un triple diplôme Polytechnique-HEC-MIT (bof, bof) avant de fonder sa start-up de déneigement aux États-Unis.

Ici et là, à droite à gauche, **des ados plus brillants les uns que les autres.**
Les érudits de demain, des futurs chercheurs, écrivains, politiciens, énarques, hauts fonctionnaires, directeurs généraux... marchant sur les pas des Molière/Voltaire/Hugo, Galois/Poincaré/Schwartz ou Pompidou/Giscard/Chirac ayant côtoyé ces mêmes bancs autrefois.

"L'élite de la nation", "l'excellence de l'excellence", ou "la fine fleur de la France", comme s'amuse à nous appeler le proviseur.

## AU MILIEU DE TOUT CE MONDE, IL Y A MOI QUI VEUX ÊTRE JOUEUR NBA.

J'ai sans doute le rêve le plus fou de tous.
Chaque matin, je débarque avec ma balle, mon T-shirt et mon jogging trop larges. Qu'il vente, qu'il pleuve, qu'il neige, vous pourrez toujours me trouver sur le terrain de basket en train de tirer.

Pour gagner en niveau, je me suis fixé une règle : jouer au moins 5 heures par jour (matin, midi et après les cours), quitte à sécher les matières que je trouve ennuyeuses.
Ma technique ? M'asseoir au fond de la classe et attendre que l'appel passe. Ensuite, je profite du moment opportun pour enjamber la fenêtre et m'enfuir.

Avec une telle attitude, évidemment, mes notes ne sont pas très bonnes : je fais même partie des derniers.
Comme nous sommes dans un environnement scolaire très compétitif, je commence à entendre des moqueries.

*"Vous pensez qu'il a un cerveau ?", "Son apogée devait être au collège", "C'est comme mon chien, tant qu'il a sa baballe...",* et autres pics de magnoludoviciens.

Vers le milieu de l'année, après m'être évadé d'un énième cours d'espagnol, un camarade m'apprend une nouvelle qui m'énerve beaucoup. Durant le cours, des élèves se sont amusés à faire circuler une feuille avec un sondage qui charrie les plus mauvais de la classe. La question me concernant est : « Combien de neurones pensez-vous que Kevin possède ? », et chacun y a répondu de son chiffre.

**Là, mon ego en prend un coup !**

Je déteste que l'on me prenne de haut.

Je décide de commencer à étudier.

## L'ÉTÉ QUI A TOUT CHANGÉ

À Louis-le-Grand, la matière reine, c'est les maths.
Quand tu es le numéro 1 de ta classe dans cette discipline, c'est toi le boss. Mieux encore : si tu réussis à majorer les maths en terminale, tu es quasi automatiquement admis en prépa scientifique au sein de l'établissement.
Je me fixe donc le but de tout déchirer dans cette matière.

Vers la fin de la seconde, je commence à rattraper tout mon retard accumulé. En première, je démarre moyennement, monte en puissance et arrive parmi les premiers à la fin de l'année. Puis l'été 2008, celui avant la terminale, je décide de faire tout le programme scolaire de mathématiques en avance. Ainsi, je devrais pouvoir asseoir ma domination dès la rentrée prochaine.

Ce sont les Jeux olympiques en Chine, et des amis de mes parents nous ont prêté leur appart à Beijing pendant tout le mois d'août.
Chaque matin, je me lève à 6 heures, j'allume la petite télé en fond pour ne manquer aucune compétition, et je commence à résoudre des exercices. En fin d'aprèm, je me rends quelques heures au terrain de basket du coin pour affronter des joueurs chinois, puis le soir, je reprends mes calculs d'intégrales.

Parfois, mes parents parviennent à obtenir des billets pour assister à des épreuves olympiques, et **à la vue de ces athlètes qui se surpassent, j'en ressors encore plus motivé.**

Au total, lors de ces "vacances", j'ai abattu plus de 800 exos.

En septembre, comme prévu, je suis inarrêtable en maths. Seuls deux nouveaux, Tatiana (la meilleure élève du Togo) et Ulysse (le meilleur élève du Bénin) arrivent parfois à m'ôter la première place.
**Dans ma tête, je suis déjà en prépa,** prêt à me frotter aux titans pour avoir Polytechnique.

## THE MOST HATED

Le problème, c'est qu'à force de prendre ma revanche sur ceux qui faisaient les malins, je suis devenu extrêmement, extrêmement, extrêmement prétentieux.

En cours, je m'amuse à répondre avant que la prof ait fini de poser la question, histoire que personne d'autre n'ait le temps de réfléchir.
Lorsqu'un contrôle dure 4 heures, je rends ma copie terminée au bout de 50 minutes, et en quittant la salle, je toise tous les élèves du regard. Je veux qu'ils sachent que peu importe combien ils travaillent, ils ne seront jamais à mon niveau.
*"Je vais vous écraser et il n'y a rien que vous puissiez faire."*

Pour moi, c'est un jeu. Je me comporte comme mes idoles stars de basket, sauf que pour eux, ça fait partie du spectacle. **Dans la vraie vie, si tu rabaisses continuellement quelqu'un, il finit par te détester.**

Et effectivement, je suis haï mais je n'en ai que faire.
L'alter ego que j'ai créé ne me déplaît pas, je lui ai même trouvé un nom : **The Most Hated.**

Plus on le déteste, plus l'ego de The Most Hated enfle.
**Un monstre est né, et je ne le contrôle plus.**

Dans les autres matières, je suis assez moyen. Au milieu du deuxième trimestre, ma prof de maths (la seule à m'aimer encore un peu) me prend à part :

> *– Kevin ! Si tu continues à sécher les cours, les autres profs s'opposeront à ce que tu restes ici en prépa. Je ne pourrai pas te défendre face à tout le monde.*
> *– Mais madame, histoire-SVT-espagnol, on s'en fout ! Y en a pas en Maths Sup !*
> *– Fais attention : tu n'es bon qu'en maths. Si on ne te garde pas, ce n'est pas dit que les autres prépas du même calibre te prennent. Va en cours, s'il te plaît.*

Suite à cette discussion, The Most Hated ne va même plus en cours de maths. Pourquoi irait-il ? Il n'en a pas besoin puisque j'entame déjà tous les soirs le programme de prépa.

Un après-midi, alors qu'on joue à plusieurs au basket dans la cour, une dispute éclate avec un autre élève. Le ton monte, il pousse l'un de mes potes qui le lui rend par un coup de poing dans l'œil. Direction l'infirmerie.
Mon pote et moi sommes tous les deux convoqués et accusés d'avoir causé la bagarre. Même si je me pense innocent, pour le lycée, c'est la goutte d'eau qui fait déborder le vase.

**Je suis viré.** On ne veut plus de moi.
Tant pis pour eux, ils perdent un futur polytechnicien.

***Avoir de l'ego est nécessaire pour avancer, mais placé au mauvais endroit, il cause de gros dégâts.***
***Recoller les morceaux est alors parfois très compliqué : cela peut prendre des années.***

Suite au conseil de classe du troisième trimestre, j'apprends que les 2$^{e}$, 3$^{e}$, 4$^{e}$, 5$^{e}$ et 6$^{e}$ en maths sont gardés pour la prépa scientifique. Mais pas le numéro 1.
Je me sens trahi et j'en veux à la Terre entière, sauf à moi-même.

Une remarque de ma prof d'espagnol sur mon bulletin me met encore plus en colère : **"Tendance à l'autosabotage."**

## LE TREMBLEMENT DE TERRE

**Septembre 2009.** Exit Louis-le-Grand. J'entre en Maths Sup juste en face, au lycée Saint-Louis, classé 10e de France. L'été précédent, après un séjour à New York et Los Angeles où j'ai pu me mesurer à des joueurs de basket américains de mon âge, j'ai réalisé que l'écart est trop trop trop grand. J'ai compris que je ne serai sans doute jamais pro.
Je suis donc déterminé à me reconcentrer sur mes études.

La première année se passe bien. Je suis assez dissipé et blagueur en cours car je ressens le besoin de faire mon intéressant. C'est ma manière d'extérioriser mon immense déception de ne plus être à "LLG" que j'aimais tant.
Je ne suis pas encore passé à autre chose : je reste accroché à ma gloire d'antan au lieu d'accepter que je suis désormais dans une nouvelle situation.

Les profs me reprochent mon attitude et me suggèrent fortement de faire preuve de plus de sérieux, mais comme je suis parmi les premiers et que tout roule, je ne les écoute pas. Je suis accepté en deuxième année dans la meilleure classe. C'est là que tout se corse...

**Septembre 2010.** En Maths Spé*, les élèves sont tous des brutes en maths. Probablement qu'en terminale, ils finissaient eux aussi leurs contrôles de 4 heures en 50 minutes, voire une demi-heure.
Pour la première fois de ma vie, même en travaillant, je n'y arrive pas. Mes vieux ne me laissent plus tranquille, et leurs reproches me fatiguent mentalement.

Tout mon plan s'effondre. J'ai toujours compté sur le gros coefficient des maths pour combler mes résultats ailleurs, mais cette fois-ci, ça ne le fera pas.

**Et je n'ai pas de plan B.**

Pour The Most Hated, le choc est brutal. Il se débat, tente de survivre, mais dans la panique, fait n'importe quoi.

## LA DESCENTE AU SOUS-SOL

**Janvier 2011.** Je perds patience et agis de façon immature. Dans les matières où je ne suis pas bon, si un prof explique mal, je m'énerve contre lui.
Au lieu de prendre sur moi et de rattraper le cours plus tard comme le font tous les autres élèves, je vais au conflit. Je préfère rejeter la faute de mes mauvaises notes sur mes enseignants plutôt que de reconnaître que je dois m'accrocher et travailler davantage.

Mon ego m'annihile totalement : depuis la terminale, The Most Hated n'a cessé de crier à qui voulait l'entendre qu'il aura Polytechnique haut la main, alors c'est trop dur pour lui d'avouer qu'il s'est peut-être trompé.

**Je ne peux pas échouer :** dans ma tête, c'est l'X ou rien. Si je n'ai pas la meilleure des meilleures, je déciderai de redoubler.

**Mars 2011.** Un soir, je fais une pause entre deux annales et tombe sur une vidéo de Ryan Higa, un YouTuber américain. J'éclate de rire et regarde plusieurs autres de ses sketchs. De fil en aiguille, les jours suivants, je découvre aussi Kevjumba, Timothy DeLaGhetto, Jenna Marbles, Wong Fu Productions, Smosh, Just Kidding Films, Call Me Auburn, Ray William Johnson, Kassem G... et tout le microcosme YouTube.

**Mon cerveau explose.** *"Mais d'où sortent tous ces gens ?!" "Pourquoi ont-ils l'air si heureux et si libres ?"* Bordel...

Dès que je ne serai plus en prison,
**c'est ÇA que je veux faire !!!**

Mais avant, il y a les concours.
Et dès le premier jour, à la toute première épreuve des Mines, je me fais laminer en maths. Je sors de la salle complètement déboussolé, convaincu que je vais avoir 3 et que tout est déjà foutu. À quoi bon continuer ? Autant s'amuser !

En chimie, je dessine une rivière sur ma copie. En français, à la place d'une dissertation, je rends un poème. Je décide de ne pas me pointer aux épreuves de Centrale, car cela me laissera deux semaines de plus pour préparer Polytechnique.

**Mes parents s'opposent car ils ne me comprennent plus.** Une dispute éclate et pour avoir le dernier mot, The Most Hated casse mes lunettes devant eux.

> *Vous voyez ? Je ne peux plus aller à Centrale maintenant. C'est pour vous que je fais ces études, alors repayez-moi une paire et je serai prêt à temps pour l'X.*

Le jour venu, je me bats de toutes mes forces à chaque épreuve mais je suis trop loin du niveau requis.

**Juin 2011.** Six semaines plus tard, lorsque les notes tombent, je me rends compte de l'ampleur du désastre de ma connerie.

Sans surprise, je ne suis admissible nulle part. En revanche, là où je pensais avoir 3, eh bien j'ai eu 7/20. À une autre épreuve où je pensais avoir 6, j'ai eu 10,5. Et c'est comme ça partout : quand tout le monde foire, les notes sont relevées.
Je comprends que si j'avais tout fait sérieusement, au moins, j'aurais pu avoir une idée plus précise de mon niveau réel. **Là, je n'en sais absolument rien.**

Je me dis qu'au final, ce n'est pas si grave puisque je compte redoubler et me donner à fond l'an prochain. Mais... les profs de Saint-Louis ne l'entendent pas de cette oreille !
Un élève de MP* qui rend des copies blanches, qui s'inscrit à des concours pour ne pas y aller et qui plombe volontairement les stats de la prépa, on n'en veut pas !

Pour la deuxième fois en 2 ans, je suis viré d'un établissement.

Je fais le tour de toutes les prépas de Paris pour déposer mon dossier, mais je suis une cause perdue.

Pour me sauver, mon professeur de mathématiques de première année (qui m'aime beaucoup) met sa crédibilité en jeu et écrit une lettre de recommandation.

O[redacted] S[redacted],
[redacted]
le 22 juin 2011

Madame, Monsieur,

J'ai été le professeur de mathématiques de Kévin TRAN en classe de MPSI au lycée Saint-Louis l'an dernier. Kévin a toujours manifesté beaucoup d'intérêt pour les mathématiques, il aime poser des questions et résoudre des problèmes, et il possédait déjà de solides connaissances en analyse. C'est un élément moteur, un peu vif parfois, qu'il faut cadrer, mais de grand potentiel. Je pense qu'il a réalisé qu'il lui fallait changer d'attitude, son immaturité lui a coûté cher cette année, et qu'il mérite une autre chance. Il peut viser très haut s'il s'investit pleinement.

Merci de lui accorder votre attention,

[redacted] [redacted]

Une seule prépa m'accepte enfin : l'une des plus mal classées du pays. Je l'essaie pendant un mois et demi, puis j'estime que je perds mon temps en cours.

**JE SERAI SANS DOUTE BEAUCOUP PLUS FORT À TRAVAILLER SEUL DANS MON COIN.**

Je prends alors une décision radicale : ma troisième année de prépa, je la ferai tout seul, dans la cave du cabinet de ma mère. Tel un ermite dans sa grotte.
Elle n'est absolument pas d'accord mais je lui fais comprendre que c'est soit ça, soit j'arrête les études.
**Je suis très sérieux,** elle cède.

Pendant les vacances de la Toussaint, je m'installe donc au sous-sol. À la rentrée, plus personne n'a de nouvelles de moi. C'est parti pour être une vraie taupe !

## LA LUEUR DANS LA CAVERNE

**8 novembre 2011.** J'ouvre les yeux.

**Ce matin, j'ai 20 ans,**
**et je les "fête" dans une cave.**

Pour moi, c'est un jour comme un autre.
Les semaines se suivent et se ressemblent.
Afin de m'organiser, je me calque sur mon emploi du temps de l'an dernier. Au même jour, au même horaire, je travaille la même matière, mais à ma sauce.

En physique, je bosse à fond la mécanique et l'électro-magnétisme, en priant pour que la thermo et l'optique (qui me donnent des boutons) ne tombent pas. En français, j'apprends par cœur 30 citations : je trouverai bien un moyen d'en caser quelques-unes au concours.

Et en anglais, je regarde des sketchs sur YouTube.
Autant te dire que j'ai bûché cette matière !

MON BULLETIN DE SECOND SEMESTRE

| Matières | Rang | Evol. | Moyennes | | | | Appréciations |
|---|---|---|---|---|---|---|---|
| | | | Élève | Clas. | - | + | |
| ANGLAIS LV1<br>Mme [redacted] | | | Abs | 9,63 | 6,30 | 14,90 | Absent. |
| FRANCAIS<br>M. [redacted] | | | N.Not | 7,74 | 3,50 | 15,00 | Absent. |
| MATHEMATIQUES<br>Mme [redacted] | | | | 7,24 | 3,00 | 13,00 | |
| SCIENCES INDUSTRIEL.<br>M. [redacted] | | | Abs | 6,49 | 0,80 | 14,20 | Absent tout le semestre |

Absences : 46 demi-journées dont 9 sont injustifiées - Retards : Aucun

Appréciation globale :

Abandon

Dès que j'ai un peu de temps, je note des idées pour mes futurs sketchs et réfléchis à comment construire ma chaîne. **C'est ce qui me donne de l'espoir.**
Je me lancerai dès que je sortirai de ce trou, et si ça ne marche pas, je deviendrai enseignant-chercheur en maths.

Côté forme, ce n'est pas top. Une prise de sang révèle que ma vitamine D est au plus bas. Normal, je ne vois plus le soleil depuis des mois.

La veille des concours, je sors enfin de mon antre. Je me rends au terrain de basket pour me détendre avant la bataille, et sur une action, je me pète les ligaments croisés.

Super.

## UNE MINUTE AVANT MINUIT

**Avril 2012.** Je monte les étages du centre d'examen d'Arcueil en béquilles et en grimaçant. Mon genou ne se plie plus.
Tant pis, j'ai une autre priorité : réussir ces fichus concours.

Les écrits ne se passent pas trop mal. J'obtiens des notes solides en maths et limite sérieusement la casse ailleurs. Je ne suis pas admissible à Polytechnique ni aux ENS, mais j'ai mes chances aux Mines.

Je retourne illico dans mon terrier pour bosser les oraux, et le jour J... **je me fais atomiser.**
En physique, c'est l'optique qui tombe (merde !) et j'ai 1,5/20. En anglais, je ne connais plus le format de l'épreuve, alors je bavarde avec l'examinateur pour lui montrer que je suis bilingue. J'ai 6/20.

**Juillet 2012.** J'obtiens la 15e école d'ingénieurs de France. Un seul hic : elle est en Bretagne, et mes futures vidéos m'attendent dans ma chambre, à Paris.
J'ai déjà tout bien nettoyé, l'arrière-plan est parfait… du coup, je n'ai pas du tout envie de me coltiner 7 heures de train aller-retour chaque week-end !

Je réfléchis quand même jusqu'à la dernière minute, sans en parler à mes parents, et à 23 h 59, pile avant la validation définitive des choix, je clique sur Télécom SudParis, l'école la plus proche de ma maison, classée 20e.

Ma mère pète un câble !

*– Quand tu as la 15e, tu ne choisis pas la 20e !*
*Je me suis donnée tant de mal pour toi, je ne comprends pas pourquoi tu as fait ça !!*
*– Quand je serai une superstar sur YouTube, tu comprendras.*

Depuis 2 semaines, je suis allongé dans mon lit car mon genou ne veut plus que je marche. Je lis des mangas et regarde les JO de Londres. 4 ans ont passé depuis ceux de Beijing… et j'ai grave déconné entre-temps.

The Most Hated avait raison : je suis bien un génie. Un génie de l'autosabotage. Ma prof d'espagnol disait donc vrai.

La couverture sur ma tête, je fais le point. Je prends conscience qu'en fait, **The Most Hated, c'est moi.** Personne d'autre. Si je ne l'élimine pas, il me blessera encore plus.

**Je dois aller de l'avant.**
**YouTube sera ma rédemption.**

## III. GRANDIR… ET DURER

COMME LE BON VIN

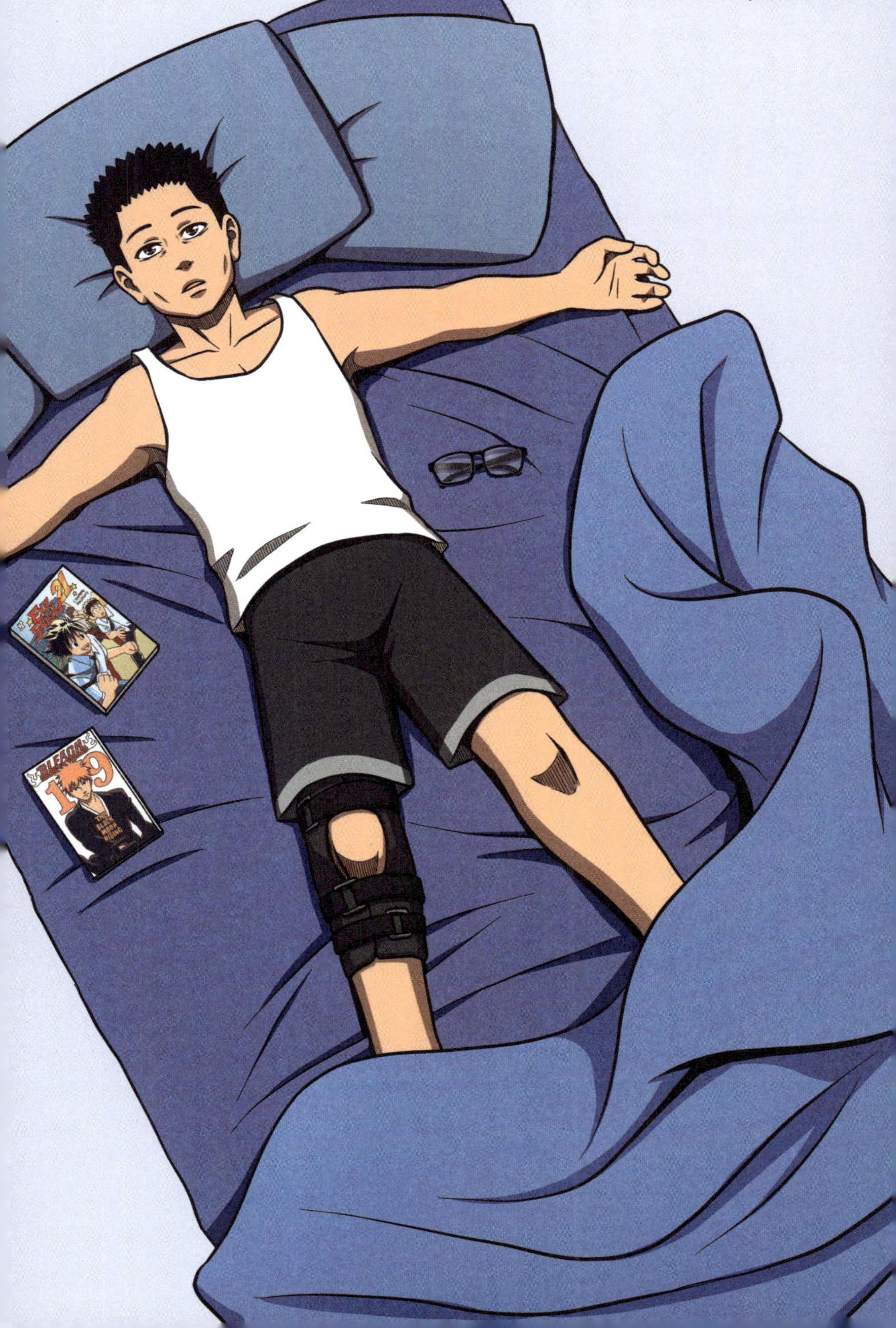

## LA DERNIÈRE ÉPREUVE

**26 octobre 2012.** La rentrée s'est plutôt bien passée. J'apprécie ma nouvelle école, je me suis fait quelques potes et j'ai désormais une copine.

Ce sont les vacances de la Toussaint, alors j'en profite pour me faire opérer du genou. Une intervention sous péridurale, trois jours d'hospitalisation et hop, je pourrai rentrer chez moi. C'est ce que la clinique m'a dit et je fais confiance au corps médical qui m'endort.
Bientôt, mon genou sera comme neuf !

**Le lendemain, ça ne va pas.**
Après une nuit très agitée, je me réveille avec un violent mal de crâne. Je ressens une douleur atroce aux cervicales et ma nuque est raide, raide, raide. Toute la journée, je vomis en jet. J'ai de la fièvre et je ne supporte pas la moindre lumière.
On me donne du Profenid et du Perfalgan, mais c'est très peu efficace.

**Le lendemain, ça ne va toujours pas.**
C'est tout pareil mais en pire. Impossible d'avaler quoi que ce soit : je le recrache immédiatement. Ma nuque est si rigide que même pour bouger, c'est une tannée.
Pourquoi ai-je mal ici alors que c'est du genou que je suis opéré ?! Ça n'a pas de sens !

La seule chose que je peux faire, c'est appuyer sur la télécommande de mon lit. Je hausse mon pieu, puis le baisse, puis le hausse, puis le baisse, dans l'espoir de trouver une position qui puisse me soulager. Il n'y en a aucune.

L'équipe médicale me dit qu'on m'emmènera au bloc demain, pour pratiquer un "blood patch" qui devrait soulager mes douleurs. J'ignore ce que c'est.
J'envoie un texto à ma mère pour la tenir au courant, puis je m'effondre.

**Le lendemain, ça ne va toujours, toujours pas.**
On me donne du Zophren, un médicament prescrit en prévention des nausées et vomissements aigus pour des patients atteints d'un cancer et sous chimiothérapie !
Malgré ça, ma fièvre monte et les douleurs empirent.

Je ne comprends plus rien : je vais au bloc ou pas, à la fin ?! Blood patch ou pas blood patch, merde ?!

Ma mère est en panique totale, mais je lui demande de ne pas venir me voir. Il est trop tard pour les visites et de toute façon, je n'ai plus d'énergie.

**Tout ce que je veux, c'est dormir.**

Si seulement... je pouvais... dormir...

LAISSEZ-MOI PASSER !
C'EST MON FILS !
JE SUIS MÉDECIN !

JE VEUX VOIR
LE RÉANIMATEUR !
APPELEZ-LE
IMMÉDIATEMENT !

CONFRÈRE, FAITES-LUI
UNE PONCTION LOMBAIRE,
JE VOUS EN SUPPLIE !!

IL A UNE MÉNINGITE,
J'EN SUIS SÛRE !
IL PRÉSENTE
TOUS LES SYMPTÔMES !

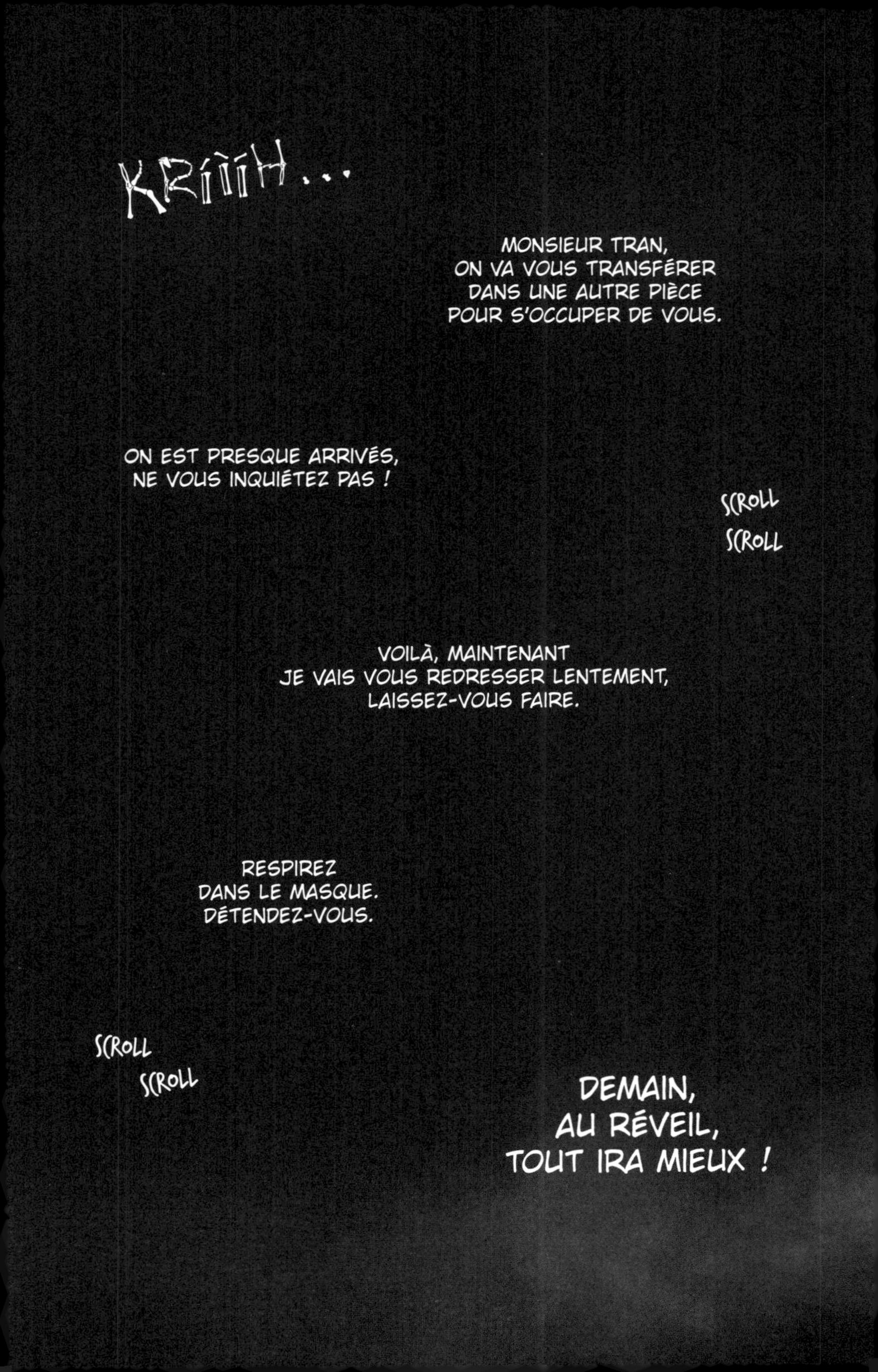
KRÎÎÎH...
MONSIEUR TRAN, ON VA VOUS TRANSFÉRER DANS UNE AUTRE PIÈCE POUR S'OCCUPER DE VOUS.
ON EST PRESQUE ARRIVÉS, NE VOUS INQUIÉTEZ PAS !
SCROLL
SCROLL
VOILÀ, MAINTENANT JE VAIS VOUS REDRESSER LENTEMENT, LAISSEZ-VOUS FAIRE.
RESPIREZ DANS LE MASQUE. DÉTENDEZ-VOUS.
SCROLL
SCROLL
DEMAIN, AU RÉVEIL, TOUT IRA MIEUX !

PSCHIIII
...

ET SI JE NE ME RÉVEILLE PAS ?

# CHAPITRE 18

# LE CHEMIN EST LE RÊVE

## L'ESPRIT D'HALLOWEEN

•••

**Que…**

**Où suis-je… ?**

**Dans un lit…**

**J'ai survécu… ?**

Je n'ai plus mal, mais je suis très fatigué. Le plafond est différent : ils ont dû me changer de chambre. Impossible de me redresser, alors je regarde lentement autour de moi. Ces perfusions dans le bras, ces électrodes sur mon torse, le bip des machines… je comprends que je suis en réanimation.

Les infirmières remarquent que je suis réveillé, viennent prendre de mes nouvelles puis appellent le médecin réanimateur. Ce dernier entre et s'assure à son tour que je vais bien. On discute un peu puis je lui demande ce que j'ai.

J'apprends que je ne suis pas passé loin.
La ponction lombaire de cette nuit a révélé une méningite purulente : une infection nosocomiale extrêmement rare !
En gros, lors de l'anesthésie, un streptocoque (bactérie pas très sympa) se serait infiltré par le bas de mon dos – là où j'ai été piqué – et aurait infecté mon liquide céphalo-rachidien. Ce dernier circule dans la colonne vertébrale et le cerveau : ça expliquerait mes douleurs cervicales et raideurs méningées des jours précédents.

Une méningite, faut la traiter super vite. Quelques heures de plus, et qui sait ce qui aurait pu se passer ? Dans la meilleure des hypothèses, je serais devenu aveugle ou paralysé.
**Dans la plus probable, je serais mort.**
Ma mère avait obtenu gain de cause in extremis... et dire que c'était censé n'être qu'une simple opération du genou !
Je devrais déjà être rentré à la maison. Au lieu de ça, gavé d'antibios et d'antidouleurs, j'hallucine seul dans mon lit.

Le lendemain, le 31 octobre, on m'assoit sur un fauteuil pour m'emmener au scanner. En plein milieu de la salle d'attente, je tombe dans les pommes. Pire encore, des dizaines d'inconnus me voient dans cet état pitoyable.
**J'ai honte, je suis au bout de ma vie.**
Alors qu'on me ramène à ma chambre à moitié agonisant, j'aperçois les autres patients par l'entrebâillement des portes : ils ont tous au moins 4 fois mon âge.

**QU'EST-CE QUE JE FOUS LÀ ?!**
**BORDEL DE MERDE !**

Une semaine plus tôt, j'étais encore un étudiant au cerveau brillant. Là, mon caillou est totalement éteint. Je fonds en larmes.

## CONFUCIUS AVAIT RAISON

Les jours suivants, je me sens mieux.
La trithérapie fait son effet : ma fièvre est retombée et le scénario d'Halloween évité. On me garde encore une semaine en réanimation, puis je suis transféré au service des maladies infectieuses d'un autre hôpital, pour surveillance. C'est là que j'ai fêté mes 21 ans.

**Le 8 novembre 2012,** mon cousin Louis, mon frère et mon père sont venus me rendre visite avec un gâteau d'anniversaire plutôt original. J'ai souri à pleines dents car j'adore les éclairs.

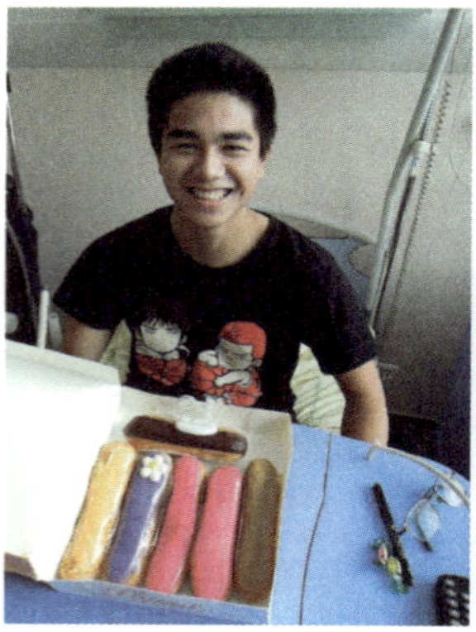

Quand je revois ces deux photos aujourd'hui, je ne peux m'empêcher de ressentir un pincement au cœur.

Je me dis que si ma mère n'avait pas été médecin, si elle n'avait pas remué ciel et terre pour que l'on me fasse une ponction lombaire, rien de tout **"ça"** n'aurait existé.

Rien de tout ce que j'ai déconstruit et construit depuis 10 ans.

Pas de vidéos sur YouTube, pas de mangas, pas de ce livre. Pas de public riant à mes blagues, pas de lecteurs avec qui échanger, pas de vous dans ma vie. **Rien.** Merci Maman.

Lors des neuf interminables journées passées en réanimation, je n'avais pas que contemplé le plafond.
Dans mes moments de lucidité, je ne cessais de cogiter.

**Passer si près de la mort m'avait fait réaliser que je ne pouvais plus continuer à prendre la vie pour acquise.**

Tout peut aller bien, et du jour au lendemain, c'est fini.
Cette leçon a fait naître en moi un sentiment d'urgence qui s'est vite transformé en obsession : **je ne pensais plus qu'à créer des vidéos sur YouTube !**

J'étais encore plus motivé qu'avant l'opération : cette fois-ci, hors de question que je fasse tout foirer à nouveau ! Fini les excuses ! Je n'autoriserai plus jamais mon comportement ni mon ego à se mettre en travers de ma route et m'empêcher d'accomplir mon plein potentiel.

*"J'aurais dû mourir mais je suis vivant.
Je vais absolument tout faire pour réussir sur YouTube.
Je ne lâcherai rien et personne ne pourra m'arrêter."*

Ce fut mon vœu en soufflant la bougie, ou plutôt ma promesse envers moi-même.
Je ne souriais pas que grâce aux pâtisseries : je souriais car **j'avais désormais un but et j'allais tout mettre en œuvre pour l'atteindre.** Un feu absolu s'était réveillé en moi.

**Le 15 novembre**, je sortais enfin de l'hôpital.
À peine 2 jours plus tard, sous Amoxicilline, je filmais ma première vidéo. J'ai passé toute la semaine suivante à faire du montage et le mardi 27 novembre, je publiais le sketch « Les Asiatiques » sur internet. Je ne peux vous décrire ma joie lorsque le lendemain matin, je découvris qu'il y avait déjà 2 654 vues (très précisément !) au compteur.

***Ne prends jamais la vie pour acquise.***
***C'est une erreur de penser que tu as le temps.***

Bon, j'aurais bien aimé comprendre ça sans avoir à endurer tout ce bordel hein...
Que je le veuille ou non, cet accident a changé ma vie et ma façon de la percevoir.
Mais c'est moi qui ai décidé que ce changement m'affecterait en bien et non en mal.

**C'est parce que rien ne s'est passé comme je le voulais entre mes 17 et mes 20 ans que j'ai pu vivre de 21 à 30 sans perdre une miette.**

Comme le disait un grand sage chinois à la longue barbe :
**« On a deux vies, et la deuxième commence le jour où l'on se rend compte que l'on n'en a qu'une. »**

Il me fallut un peu plus de deux années pour me remettre du choc de l'accident. Mes notes en école d'ingé en furent très affectées et cela inquiétait beaucoup mes parents, mais j'ai quand même fini par obtenir mon diplôme.

Durant toute cette période, **inventer et poster des vidéos sur YouTube a été ma thérapie.**
Utiliser ma deuxième vie – celle que j'aurais perdue si ma mère ne m'avait pas sauvé – pour faire rire et inspirer d'autres personnes a aussi – de manière un peu égoïste, je dois l'avouer – fortement contribué à ma propre guérison.

## LES RÊVES NE MEURENT JAMAIS

Je t'ai raconté que plus jeune, je voulais devenir **dessinateur**, puis **basketteur**, puis **acteur** et enfin, **enseignant-chercheur** en mathématiques.
Je t'ai aussi expliqué qu'à chaque fois, je n'y étais pas parvenu. À l'époque, ça me pesait énormément.

Eh bien six mois après mes débuts sur YouTube, je me suis rendu compte d'un truc de FOU : sans me demander mon avis, morceau par morceau, **tous mes rêves brisés étaient en train de se recoller.**

> • Les **dessins, idées et histoires** que j'imaginais petit prenaient vie grâce aux vidéos.
Lorsque j'avais du mal à visualiser comment filmer un sketch, il suffisait que je m'empare d'une feuille pour dessiner les scènes et la solution apparaissait.

> • Je ne jouais certes pas en NBA, mais si **j'avais envie de me filmer en train de tenter un tir impossible,** je le pouvais.
Que ce soit sur un vrai terrain ou dans ma chambre, mes paniers saugrenus en ont fait rire plus d'un !

- J'étais un peu "acteur" de mes propres sketchs : **je jouais les textes que j'avais écrits** et incarnais les personnages dont j'avais envie.
J'ai ainsi pu devenir élève, prof, fils à papa, beauf, policier, Père Noël... ah j'en ai acheté, des perruques !

- La **rigueur des démonstrations mathématiques** m'aidait beaucoup à structurer mes sketchs.
Dans un exercice de maths, tu as des données au début et un résultat à prouver à la fin. Pour réussir, tu vas rédiger un raisonnement logique implacable en utilisant des théorèmes que tu as appris en cours.

Quand t'écris un sketch, c'est parfois similaire. Tu as une situation initiale et tu dois parvenir à une chute. Pour y arriver, tu emploieras des "théorèmes" ou plutôt des techniques d'écriture (jeux de mots, running gags, punchlines...) que tu as étudiées.

Grâce à l'incroyable liberté que m'offrait internet, **je pouvais désormais allier un peu de chacun de mes rêves.**
Mais plus dingue encore !

**J'ai réalisé le point commun qu'il y avait entre eux.**

Petit, quand je dessinais, ce n'était que des histoires drôles avec des personnages aux têtes absurdes.
Quand je jouais au basket, c'était pour battre mes potes et pouvoir les charrier ensuite.
Les films que je regardais étaient ceux de Jim Carrey, de Ben Stiller ou les *American Pie* (ne me juge pas !).
Et si je voulais devenir prof, ce n'était certainement pas pour donner cours de manière chiante.

J'ai compris que depuis tout ce temps, **ce que je voulais par-dessus tout, c'était rire et faire rire.**

Et le fait que créer des vidéos sur YouTube me le permette tout en combinant mes passions… ça me paraissait dément.
Je n'arrivais pas à y croire.

C'ÉTAIT COMME SI J'ÉTAIS NÉ POUR ÇA.

***Tes rêves enfouis ne disparaissent jamais vraiment. Même si tu ne les as pas réalisés, ils font toujours partie de toi.***
***Cherche ce que tu aimes dans chacun de ces rêves. Qu'est-ce qui revient le plus, ou même qui revient dans tous ?***
***C'est le fil conducteur qui t'aidera à faire les bons choix.***

Depuis 10 ans, ces quatre rêves n'ont cessé de me guider. La plupart des projets que j'ai menés et opportunités que j'ai acceptées ont un rapport, de près ou de loin, avec ces passions.

Par un soir d'été, il y a 2 ans, je discute avec mes parents et leur demande sur un ton moqueur :

> *"Alors, ça vous fait quoi de voir que votre fils a réussi sans vous écouter ?!"*

Ils m'avoueront :

> *"Tu sais, à notre époque, on n'avait pas tous ces métiers... Pour nous, c'était sortir de la misère ou rien, et on ne voulait pas que nos enfants revivent la même chose. Aujourd'hui, on est un peu dépassés mais on est fiers."*

**Merde...**

Je crois que je ne peux pas gagner contre eux.

## LE SAUT DANS LE PLEIN

En lançant ma chaîne YouTube, **j'ai sauté dans le vide.**
Ça m'a permis de renouer avec mes rêves
et d'aller de l'avant, plus déterminé.

En écrivant mon premier manga, **j'ai sauté dans le vide.**
J'ai ainsi pu concrétiser mon premier rêve de gosse
et combler l'enfant qui dormait en moi.

En créant du contenu en anglais, **j'ai sauté dans le vide.**
J'ai écouté cette petite voix dans ma tête
qui me suppliait depuis des années d'essayer.

En publiant des sketchs en chinois, **j'ai sauté dans le vide.**
C'est quelque chose qui m'aurait paru inimaginable en 2012.

En publiant ce livre, **je saute dans le vide.**

J'ai adoré me remémorer des bons moments et un peu moins des mauvais. Mais ils font aussi partie du chemin.
Pouvoir partager avec toi et transmettre les enseignements que j'ai tirés de ces 10 dernières années fut pour moi une véritable source de joie. Ça m'a aussi permis de prendre du recul et d'apprécier le travail accompli.

À chacun de tes sauts dans le vide (pas littéralement hein, fais pas le con), que tu atterrisses sur tes pattes ou que tu te casses la gueule à la fin, **tu as appris des choses sur toi**. Cela te permet de combler tes lacunes et de progresser.

**ON NE CESSE JAMAIS D'APPRENDRE**

Après de nombreuses tentatives, tu auras acquis beaucoup d'expérience : tu sauras exactement quels types de sauts tu es capable de réaliser, et ceux qu'il vaut mieux éviter.
En ce sens, tu n'as donc pas vraiment sauté dans le "vide", puisque tu en ressors plus sage et plus complet.

En fait, **tu as sauté dans le plein,** car à la fin de chaque bond, tu as découvert un peu plus qui tu es vraiment.

**Au début, tu sauteras sans doute seul** et ce ne sera pas facile. Tu auras tendance à vouloir tout calculer par peur de t'éclater la tronche.
Puis, après quelques sauts réussis, tu auras un peu plus confiance. Tu t'élanceras en comprenant que tout n'a pas besoin d'être parfaitement aligné tout de suite.
Enfin, quand tu seras à ton 81 191$^{e}$ saut, tu t'amuseras à faire des backflips dans les airs.

Inspirées par ta sérénité et ton calme, d'autres personnes oseront alors sauter à leur tour avec toi car elles te feront confiance : tu ne seras plus tout seul.

**Bon, quand est-ce que tu sautes dans le plein ?**

## CONTINUE TON CHEMIN

**En 2011,** juste avant de poster ma première vidéo, c'était très simple dans ma tête : je viens, je prouve qu'on peut faire rire sans accent, je marque l'histoire, de rien, au revoir.
Et je finis ma vie pépouze dans une villa à Beverly Hills avec piscine, Ferrari et mon salaire d'ingé qui tombe chaque mois.

C'était ça, le plan... mais je me suis fait avoir sur la route !

## En chemin, je suis tombé amoureux.

Amoureux de l'écriture, de la stimulation intellectuelle qu'elle me procure, des surprises et des opportunités que m'offre le web, des rencontres inattendues avec des hurluberlus de tous horizons, des rires partagés… bref, de **tout le processus.** Ils sont devenus les nouvelles raisons qui m'ont poussé à continuer.

**Si j'avais suivi la voie tracée d'avance, je n'aurais pas connu tout ça, ni tant appris sur moi.**

***La raison pour laquelle tu as commencé n'est pas toujours celle qui te fait continuer. Lorsque la première raison n'est plus pertinente et que tu n'as pas encore trouvé la deuxième, ne panique pas et sois patient.***

## Le chemin est le rêve.

Mais ce chemin, ce sont aussi les pentes, les rochers, les obstacles, les difficultés.

**Accroche-toi !**

Si tu ne les affrontes pas, tu ne vivras pas pleinement le rêve !

Il y a deux monuments sur cette photo.

C'est mon grand-père qui l'a prise en 1996, en Chine.
J'ai 4 ans et demi, l'âge où l'on commence à être conscient.
Je me tiens en conquérant, comme si j'étais déjà arrivé au bout, alors qu'il me reste encore toute la muraille à parcourir.

Jusqu'à aujourd'hui, cette photo reste ma préférée :
elle symbolise pour moi le début de mon chemin dans la vie.

Un chemin sur lequel je me balade encore, toujours avec ce même petit air arrogant, et où j'apprends, je partage, je ris. Parfois je tombe, je doute, je pleure... mais une chose est sûre : je n'échangerais mon chemin contre aucun autre, car je l'arpente comme je l'entends !

J'espère que sur ton chemin, tu t'éclates aussi.
C'est tout le mal que je te souhaite.

Et qui sait de quoi l'avenir est fait ?

Peut-être qu'un jour, nos routes se croiseront.

# REMERCIEMENTS


Merci à Djénane Kareh Tager qui m'a aidé
à co-écrire et structurer ce livre.
Sans toi pour me contenir,
ce bouquin n'aurait ressemblé à rien.

Je remercie également Fanny Antigny
pour ses illustrations toujours aussi sublimes,
ainsi que Christophe Panepinto,
dont les splendides photos parsèment la lecture
et la rendent bien plus agréable.

Bravo à mes parents et à mon frère
qui me supportent chaque jour.

Enfin, à tous les amis que j'ai cités
et qui ont accepté que je parle d'eux,
je vous dois un verre.
Sans votre accord, ces pages
n'auraient porté que sur moi,
et ça, ça aurait été dommage.

Je dédie ce livre à ma grand-mère.
Je ne t'oublierai jamais et je poursuivrai ton héritage.

# DU MÊME AUTEUR

## Mangas

*Ki & Hi*, tome 1 : *Deux frères* (Michel Lafon, 2016)
*Ki & Hi*, tome 2 : *Une famille de fous* (Michel Lafon, 2017)
*Ki & Hi*, tome 3 : *Les Jeux olympiques* (Michel Lafon, 2018)
*Ki & Hi*, tome 4 : *L'île éternelle* (Michel Lafon, 2019)
*Ki & Hi*, tome 5 : *Le dragon céleste* (Michel Lafon, 2019)
*Ki & Hi*, tome 6 : *Le peuple oublié* (Michel Lafon, 2020)

## Actualité

### YouTube

Kevin Tran L'Empereur (en français)
Kevin Tran 陈科伟 (en anglais)

### Bilibili

陈科伟KevinTran (en chinois)

### Réseaux sociaux

@superkevintran

# CRÉDITS

**Illustrations :**
© Fanny Antigny

**Photographies :**
© Christophe Panepinto : p. 112, p. 113, p. 116, p. 172, p. 176, p. 189
© Antonin Gateau : p. 92
© Doug Benc / Getty Images : p. 143

**Habillage graphique :**
© Shutterstock

**Direction éditoriale**
Laetitia Lehmann
assistée de Jennifer Mialon

**Direction artistique**
Mathieu Thauvin

**Fabrication**
Christian Toanen et Nikola Savic

Imprimé en Espagne
par Egedsa
Dépôt légal : octobre 2022
ISBN : 978-2-7499-4979-6
LAF : 3227